Dédicace :

Nous dédions ce livre à notre famille et nous espérons faire revivre les enseignements de nos ancêtres pour qu'ils soient transmis aux générations futures. Nous le dédions aussi au personnel enseignant et aux élèves qui veulent en savoir plus sur la culture autochtone. C'est un honneur pour nous de partager notre interprétation des enseignements de la roue médicinale tels qu'ils nous ont été enseignés par l'Aîné Francis Whiskeyjack.

Reconnaissance territoriale :

Les auteures et Medicine Wheel Publishing reconnaissent avec respect que ce livre a été créé sur le territoire traditionnel des Salish du littoral, y compris les Sc'ianew, les Lekwungen, et les T'Sou-ke, de même que sur le territoire non cédé no 6, le territoire ancestral et traditionnel des Cris, des Dénés, des Pieds-Noirs, des Saulteaux, des Sioux des Nakota, des Iroquois, des Ojibwés/Saulteaux/Anishinabés et des Métis.

Traductrice : Marie-Christine Payette

ISBN : 9781778540189
Pour plus d'information, visitez www.medicinewheelpublishing.com
Imprimé et relié au PRC

Financé par le gouvernement du Canada

Funded by the Government of Canada

Auteures :

Carrie Armstrong :

Carrie est une fière Métisse, une enseignante et une femme d'affaires primée qui a fondé et créé Mother Earth Essentials, une entreprise de thé et de produits de beauté avec des thèmes autochtones. Son entreprise a pour mission d'éduquer les Canadiens et Canadiennes sur la beauté de la culture autochtone et la contribution des peuples autochtones. Elle est basée sur l'éducation et la sensibilisation et une gamme de produits de détail de grande qualité fabriqués à partir de plantes et de recettes traditionnelles.

Carrie a travaillé dans l'industrie des cosmétiques et des spas pendant plus de 15 ans avant de retourner aux études et d'obtenir un baccalauréat en enseignement de l'Université de l'Alberta. Elle a enseigné à la Amiskwaciy Academy, l'école secondaire autochtone d'Edmonton. L'école avait un jardin de plantes traditionnelles que Carrie utilisait pour créer des activités d'apprentissage concrètes pour ses élèves. Voir la réaction positive de ses élèves était inspirant et elle a compris qu'elle devait commencer à mettre en valeur la beauté de sa culture.

Carrie est née et a grandi en Alberta. C'est sa grand-mère qui lui a enseigné les traditions autochtones. Carrie est une mère dévouée. Elle a trois enfants merveilleux. Sa famille passe en premier et est le point central de sa vie.

Kelly Armstrong:

Kelly Armstrong est une femme métisse qui a grandi entourée par une très grande famille élargie à Hinton, en Alberta. Ayant une mère et des tantes qui ont fréquenté les pensionnats autochtones, elle éprouve beaucoup de compassion pour les enjeux et les obstacles auxquels les peuples autochtones font face à de nombreux niveaux au Canada et elle est très reconnaissante envers sa mère qui a eu le courage de partager son expérience au pensionnat. Kelly a de l'expérience dans les soins aux enfants et aux jeunes et a passé la plus grande partie de sa carrière à travailler auprès des populations vulnérables comme travailleuse de la santé des Autochtones et aide-enseignante. Kelly habite à Hinton avec son mari. Elle aime faire du camping, de la randonnée et passe beaucoup de temps avec ses petits-enfants.

River Langevin Armstrong:

River est née à St. Albert, en Alberta, d'où viennent plusieurs de ses ancêtres. River est actuellement en 6e année à Edmonton, en Alberta. Elle adore les animaux et est une ardente défenseure de la justice sociale en devenir. Elle aime la nature depuis qu'elle est toute petite et peut identifier plusieurs plantes traditionnelles. Elle peut aussi nommer leurs propriétés. Elle aime les jeux vidéo et passer du temps avec ses amis.

Comment utiliser ce livre :

La roue médicinale est un symbole puissant et un outil pour aider les enfants et les adultes à trouver l'équilibre au niveau physique, émotionnel, spirituel et mental. Ce livre peut être utilisé dans votre salle de classe comme ressource pédagogique et par les parents qui font l'école à domicile. Le cahier d'exercices La roue médicinale : trouve un équilibre sain est conçu pour la 2e à la 6e année et les exercices peuvent être adaptés pour convenir à chaque niveau.
Tout au long du livre, vous allez trouver des directives pour les enseignants et les élèves.
Dans ce cahier, vous trouverez des directives pour les enseignants et les élèves. Dans chaque section, vous verrez les symboles suivants à côté des instructions pour indiquer à qui s'adressent les directives.

Les directives pour les enseignants portent l'étiquette suivante.

Les activités pour les élèves portent l'étiquette suivante.

Au début et à la fin du cahier se trouve une auto-évaluation pour les élèves. Faites savoir aux élèves que cette auto-évaluation est un outil d'apprentissage et sert seulement à nous guider pour trouver des pistes potentielles afin d'améliorer certains aspects de notre santé dans nos vies. Il ne s'agit pas d'un diagnostic médical et n'offre pas un aperçu significatif de notre santé en général.

Autorisation/Permission :

Remerciements :

Il est important de reconnaître la diversité des enseignements de la roue médicinale qui existe chez les peuples autochtones. Chaque perspective a de la valeur et nous trouvons qu'il est important de reconnaître la différence.

Il est aussi important de reconnaître que ce cahier d'exercices est seulement une introduction aux nombreux enseignements qui découlent de la roue médicinale.

Table des matières:

Introduction — Histoire de la roue médicinale

Dans la spiritualité autochtone, la roue médicinale représente l'équilibre et la connexion. On retrouve des roues médicinales en pierre partout dans les plaines de l'Alberta et du nord des États-Unis. Ces formes anciennes d'architecture sacrée avaient la forme d'un cercle avec une pierre centrale et des lignes ou des rayons de pierres, partant du centre et se terminant sur le bord extérieur. Certaines roues médicinales peuvent mesurer jusqu'à 12 mètres de diamètre. Certaines personnes disent que les roues médicinales remontent à 6 000 ans avant notre ère.

Aujourd'hui, il y a des roues médicinales portatives faites avec des cercles de métal et des perles colorées ou du tissu; on retrouve aussi des petites roues médicinales dans les cours et les jardins. La roue médicinale représente une façon holistique et équilibrée de vivre et de guérir et est un outil d'enseignement puissant dont on peut tirer beaucoup de sagesse et de connaissances. La structure architecturale et l'emplacement de chaque pierre dans la roue médicinale nous enseignent sur les significations astronomique, cérémoniale et de la guérison dans nos vies. La roue ou le cercle symbolise le cercle de la vie dans lequel il n'y a ni commencement ni fin. Le Créateur est au centre de la roue médicinale; c'est de lui que tout émane. Sans notre Créateur, il n'existe rien.

La roue médicinale est divisée en quatre quadrants égaux et est utilisée dans le sens des aiguilles d'une montre, suivant la course du soleil, de son lever à son coucher. Les quatre quadrants représentent :

Quatre directions : est, sud, ouest, nord
Quatre saisons : printemps, été, automne, hiver
Quatre couleurs : jaune, rouge, noir, blanc
Quatre éléments : terre, feu, eau, air
Quatre plantes : tabac, foin d'odeur, sauge, cèdre
Quatre stades de la vie : bébé/enfant, adolescent, adulte, Aîné
Quatre animaux : aigle, bison, grizzly, loup
Quatre aspects de la santé : physique, mental, émotionnel, spirituel

Se préparer à apprendre :

La roue médicinale représente une façon holistique et équilibrée de vivre et de guérir et est un outil d'enseignement puissant dont on peut tirer beaucoup de sagesse et de connaissances.

En comprenant les enseignements de la roue médicinale, nous pouvons adopter un style de vie plus sain. En utilisant la roue médicinale, nous pouvons voir les aspects sur lesquels nous devons travailler, demander de l'aide ou lâcher prise. Notre culture et notre spiritualité nous amènent à croire qu'en trouvant un réel équilibre et en ayant pleinement conscience de nos aspects physique, émotionnel, mental et spirituel, nous pouvons trouver un sentiment de paix intérieure auquel plusieurs d'entre nous aspirent.

Préparation des enseignants pour l'activité :

Voici les directives que vous allez donner à vos élèves :

Avant d'en apprendre plus sur la roue médicinale, organisons-nous et créons vos propres notes sur le cahier d'exercices La roue médicinale. Vous vous en servirez pour consigner toutes vos notes, vos activités et vos documents. Assurez-vous de vous l'approprier!

Vous allez trouver l'activité à la page suivante.

Bienvenue dans votre cahier d'exercices La roue médicinale!

Mon identité

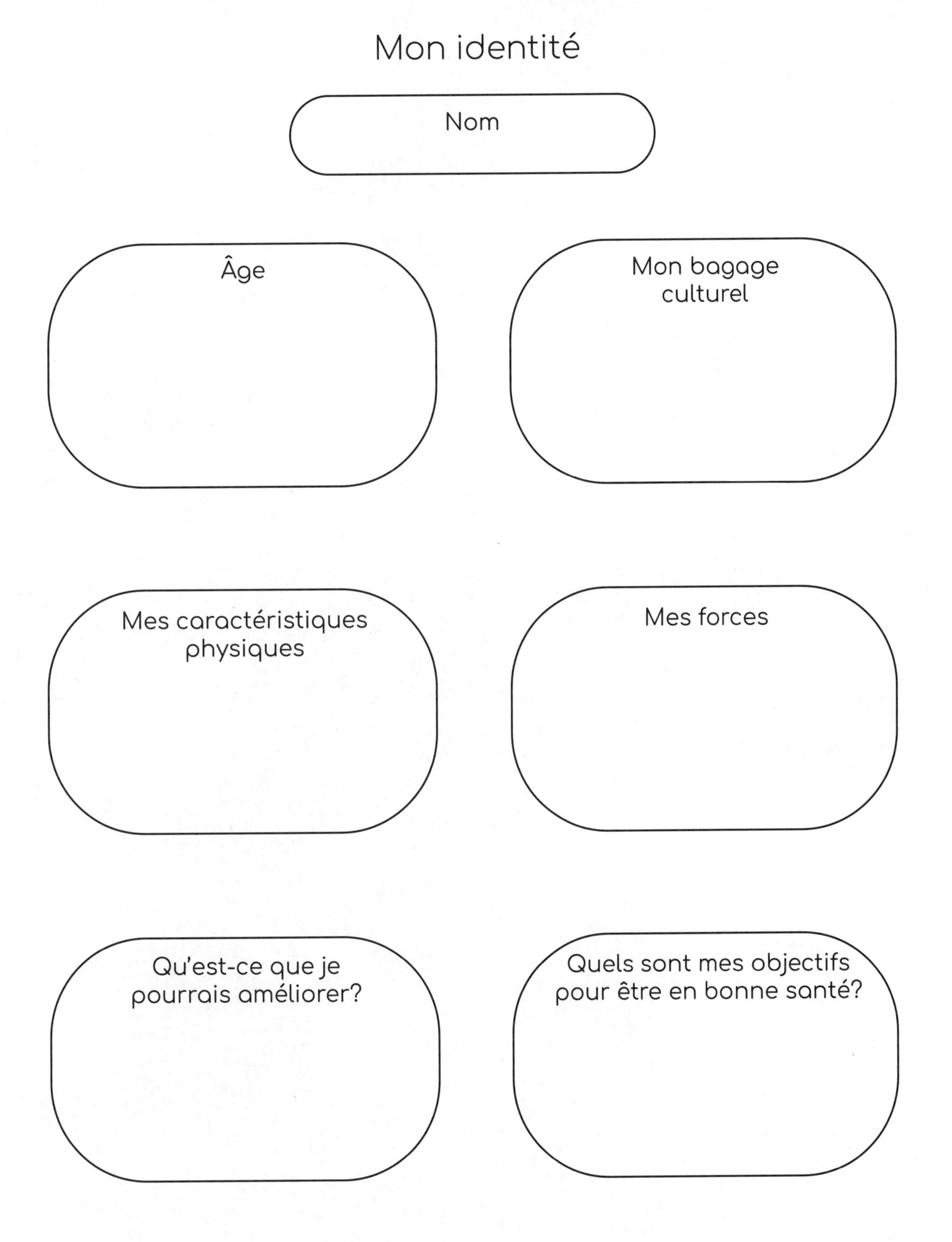

NORD

Blanc
Air
Spirituel
Hiver
Foin d’odeur
Aîné
Loup

OUEST

Noir
Eau
Émotionnel
Automne
Cèdre
Adulte
Grizzly

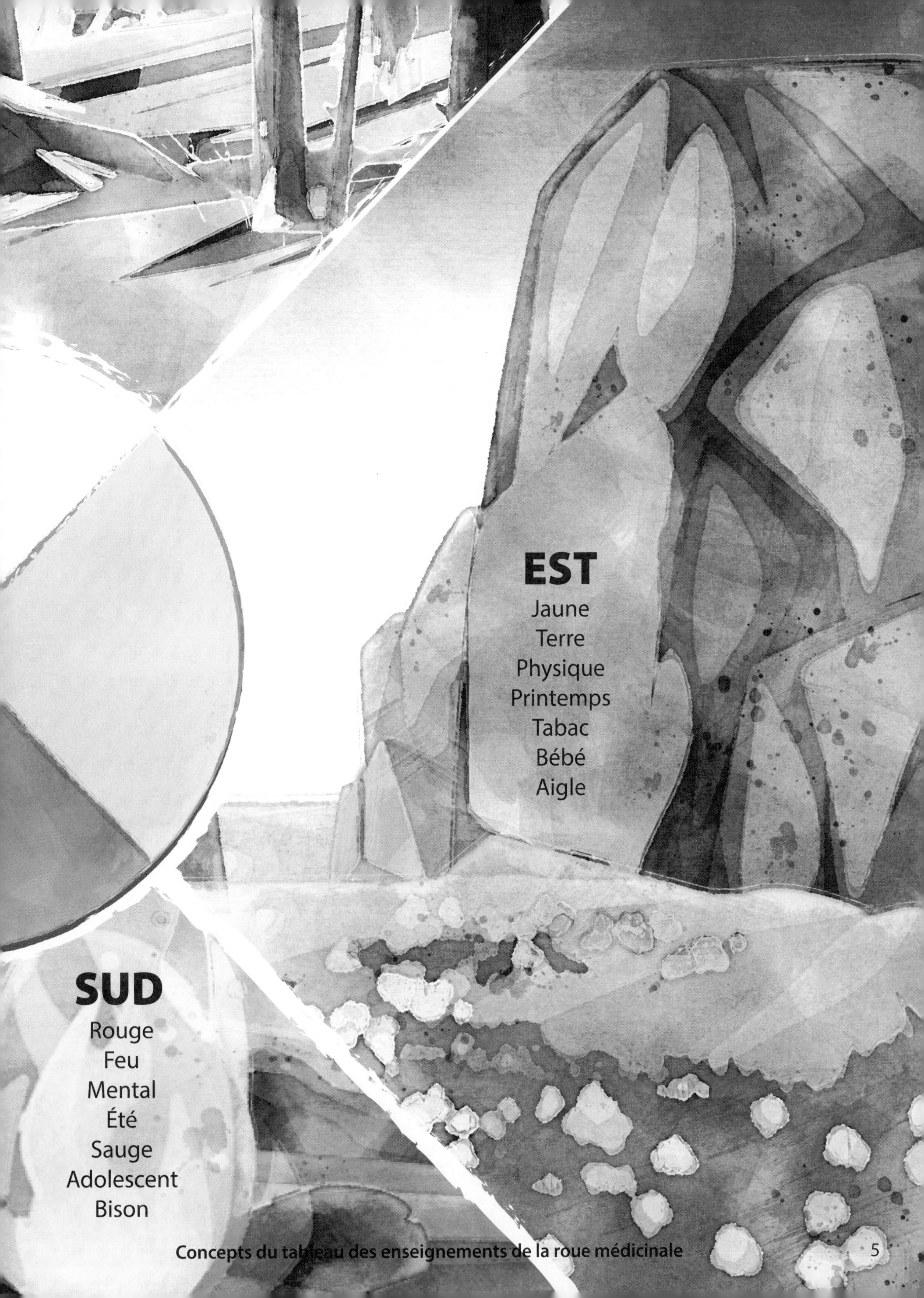

EST

Jaune
Terre
Physique
Printemps
Tabac
Bébé
Aigle

SUD

Rouge
Feu
Mental
Été
Sauge
Adolescent
Bison

Comment présenter la roue médicinale

Quand vous présentez la roue médicinale à vos élèves ou à vos enfants, commencez par expliquer les concepts d'enseignement et ce qu'ils représentent.

Par exemple :

Couleur : rouge
Direction : sud
Élément : feu
Santé : mentale
Saison : été
Plant : sauge
Stade de la vie : adolescent
Animal : bison

Discussion initiée par l'enseignant :

Commencez avec une discussion générale sur les cercles et les cycles. Demandez aux élèves de nommer le plus de cercles/cycles possible en activant leurs connaissances antérieures pour les aider à comprendre les concepts.

Exemples d'idées :

Les cercles dans la nature : les planètes gravitent autour du soleil, la lune gravite autour de la terre, la terre est ronde et tourne sur elle-même, on voit le soleil et la lune décrire un cercle autour de la terre, le cycle des saisons, le cycle de l'eau, le cycle de la vie chez les plantes et les animaux, la mort mène à une nouvelle vie. Par exemple, quand un fruit tombe d'un arbre, il pourrit et meurt, puis grâce aux graines un nouvel arbre pousse.

Le cycle de notre vie commence quand on nait et qu'on a besoin que quelqu'un prenne soin de nous et se termine quand on est un Aîné et qu'on peut avoir besoin d'aide pour faire plusieurs choses; nous pouvons avoir l'impression d'avoir trouvé la solution à un problème pour nous rendre compte que ce n'est finalement pas le cas. La même chose se produit dans nos relations d'amitié qui passent par des cycles de rapprochement, de frustration et de retrouvailles.

Notre société possède un rythme et passe aussi par des cycles (p. ex. commencer l'école, les vacances de Noël, la semaine de relâche au printemps, les vacances durant l'été, les parents ont des enfants, les enfants grandissent et ont des enfants, les parents deviennent grands-parents et les enfants deviennent parents à leur tour, etc.).

Les cercles sont sacrés parce qu'ils ont une grande importance dans nos vies. Si vous portez attention, vous allez voir qu'ils sont partout. Nous pouvons apprendre beaucoup des cercles et des processus.

Écrivez des exemples de cercles et de cycles sur le tableau en préparation de la prochaine activité.

Remarque : Puisque la roue médicinale est un symbole sacré, il est important de faire preuve de respect lors de la discussion.

Activité 1 - Cercles

Dans les cercles ci-dessous, dessine quatre images différentes ou quatre cercles qui se trouvent dans la nature.

Pour les cycles supérieurs, écris quelle influence ce cercle ou ce cycle a sur toi.

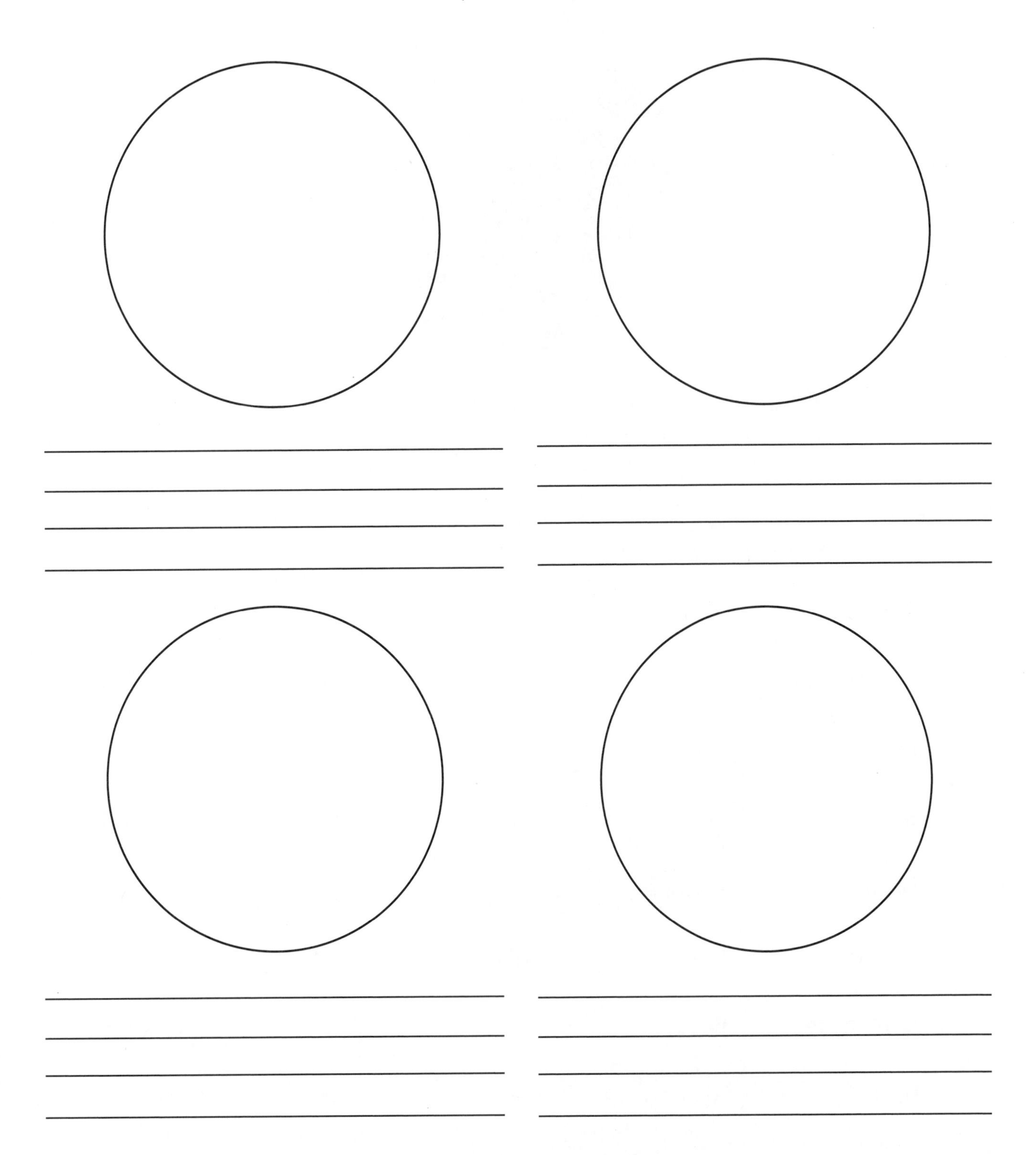

Discussion :

La roue médicinale est en forme de cercle et dans ce cercle il y a des cycles. La roue (le cercle) est divisée en quatre sections ou quadrants égaux. Plusieurs personnes les associent aux quatre directions. Le chiffre quatre est très important dans la culture autochtone et la roue médicinale contient des enseignements sacrés par groupes de quatre.

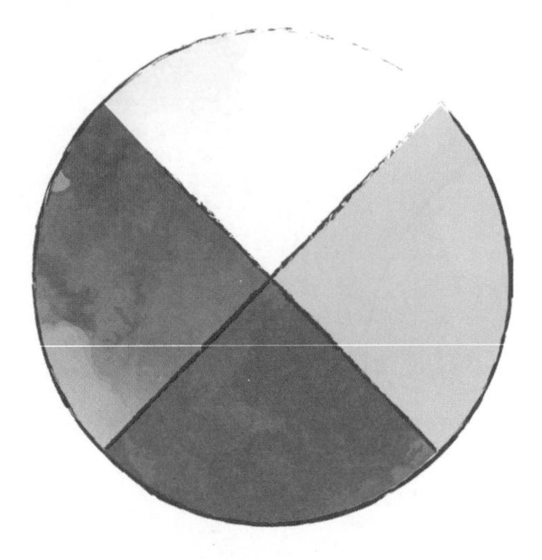

Il y a les quatre directions (est, sud, ouest, nord); les quatre saisons (printemps, été, automne, hiver); les quatre races (jaune, rouge, noire, blanche); les quatre éléments (feu, terre, eau, air); les quatre plantes sacrées (tabac, sauge, cèdre, foin d'odeur) et les quatre stades de la vie (enfant, adolescent, adulte, Aîné).

Remarque : les élèves n'ont pas besoin de comprendre toutes les informations contenues dans chaque quadrant. Ces concepts seront explorés davantage dans le livre.

Direction	**Est**	**Nord**	**Ouest**	**Sud**
Couleur	Jaune	Blanche	Noire	Rouge
Élément	Terre	Air	Eau	Feu
Santé	Physique	Spirituel	Émotionnel	Mental
Saison	Printemps	Hiver	Automne	Été
Plante sacrée	Tabac	Foin d'odeur	Cèdre	Sauge
Stade de la vie	Bébé	Aîné	Adulte	Adolescent
Animal	Aigle	Loup	Grizzly	Bison

Activité d'association

Dessine un cercle autour d'une des directions et trace une ligne pour le relier à l'animal, la couleur, la saison et l'aspect de la santé correspondants. Au besoin, consulte le guide au début du chapitre. Voici un exemple :

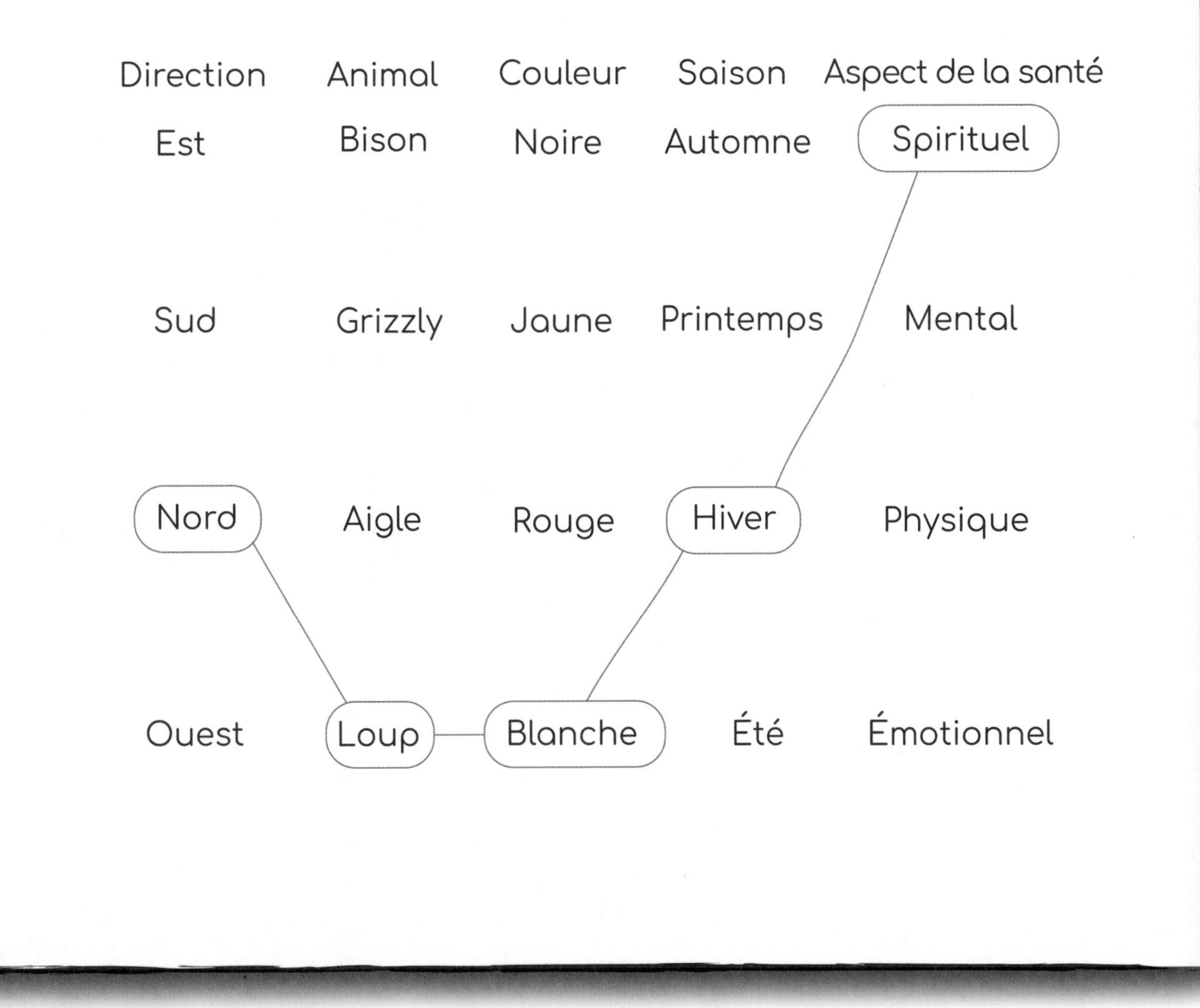

Activité 2 – Remplir les espaces vides dans la roue médicinale

Avec l'aide du tableau des enseignements, remplis les espaces vides en écrivant les concepts dans la roue médicinale. Colorie chaque section avec la couleur correspondante.

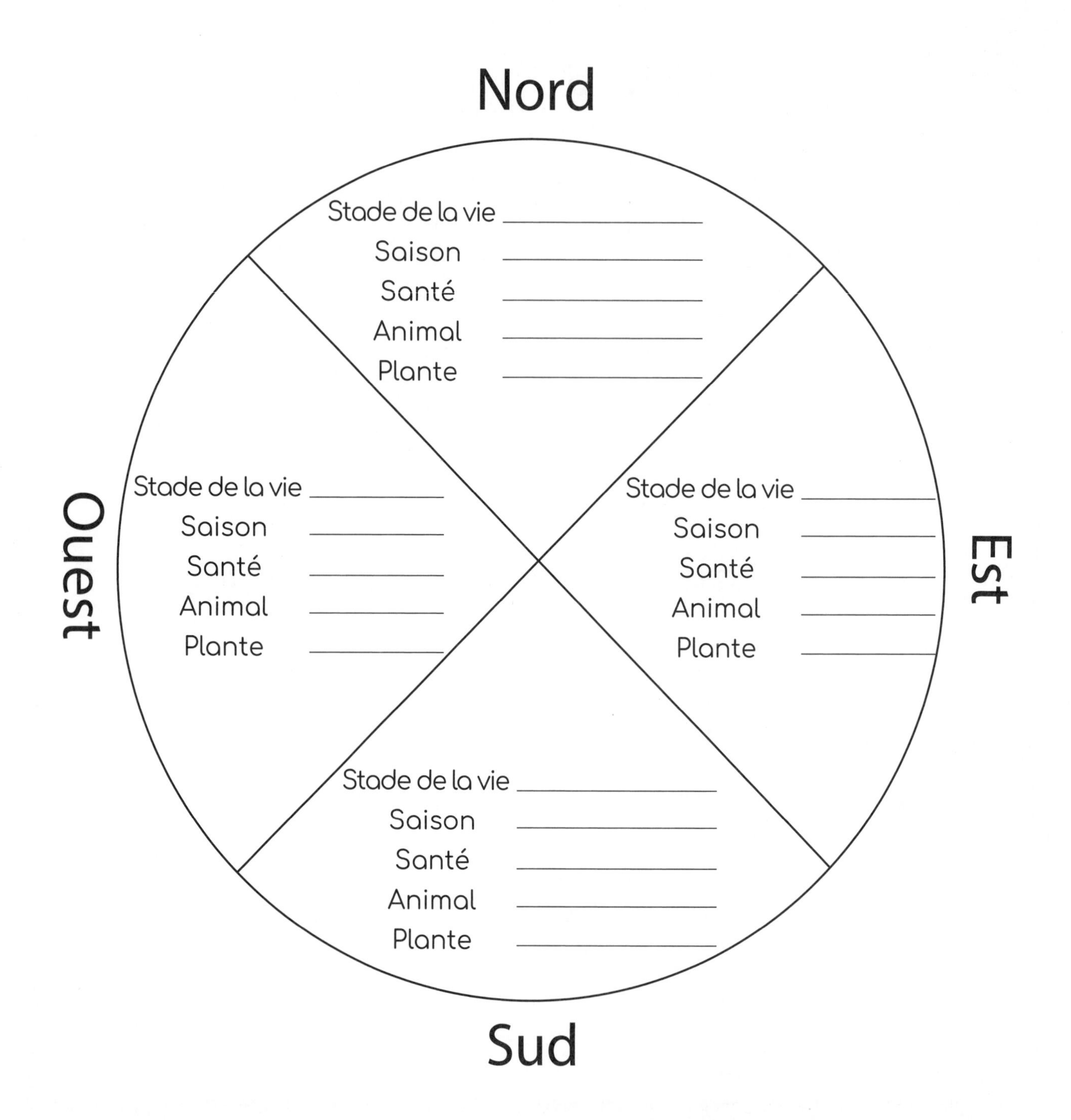

La roue médicinale et un équilibre sain :

On peut tirer de nombreux enseignements de la roue médicinale. Un de ces enseignements consiste à apprendre à vivre de façon saine et équilibrée. Chaque couleur de la roue médicinale représente un aspect de notre vie : physique, émotionnel, mental et spirituel. L'auto-évaluation suivante vise à connaître l'état physique, émotionnel, mental et spirituel des élèves.

Dites aux élèves que leurs réponses donnent une idée approximative de leur état de santé. Elles permettent de voir où apporter des améliorations et ne servent pas à déterminer si une personne est bonne ou mauvaise. Il est important d'apprendre à enseigner à nos enfants à faire des exercices d'auto réflexion et d'auto-évaluation sans jugement et avec gentillesse pour maintenir un équilibre sain.

À la fin du livre, les élèves vont refaire une auto-évaluation pour voir comment le fait d'avoir exploré les enseignements de la roue médicinale peut avoir influencé leur façon de voir la santé.

Est-ce que je vis de façon saine et équilibrée?

Réponds aux prochaines questions en cochant OUI ou NON.

Rappelle-toi que ceci est seulement une façon de connaître notre état de santé et que les réponses sont là pour nous aider quand nous en avons besoin.

Physique

Je fais régulièrement de l'exercice 2-3 fois par semaine	OUI ☐ NON ☐
J'ai régulièrement une alimentation saine et équilibrée	OUI ☐ NON ☐
Je bois entre 6 et 8 tasses d'eau par jour	OUI ☐ NON ☐
Je dors bien toutes les nuits	OUI ☐ NON ☐
Nombre de OUI dans cette section	

Émotionnel

J'ai une famille et des amis qui me soutiennent	OUI ☐ NON ☐
Je partage mes sentiments ouvertement et de façon appropriée	OUI ☐ NON ☐
Je gère le stress de façon saine	OUI ☐ NON ☐
Je suis à l'aise de demander de l'aide quand j'en ai besoin	OUI ☐ NON ☐
Nombre de OUI dans cette section	

Mental

J'aime apprendre de nouvelles choses — OUI ☐ NON ☐

Je peux analyser ce que je lis ou regarde — OUI ☐ NON ☐

Je contribue à ma communauté — OUI ☐ NON ☐

Je me lance des défis — OUI ☐ NON ☐

Nombre de OUI dans cette section ☐

Spirituel

J'ai une relation inspirante et enrichissante avec moi-même et les autres — OUI ☐ NON ☐

J'ai un bon système de valeurs personnelles — OUI ☐ NON ☐

J'ai l'impression d'avoir un but dans la vie — OUI ☐ NON ☐

Je garde du temps pour la solitude et la réflexion — OUI ☐ NON ☐

Nombre de OUI dans cette section ☐

Pointage :

Regarde combien de fois tu as répondu OUI dans chaque section.

Si tu as obtenu 0 ou 1 sur 4, il y a peut-être des choses que tu peux faire pour améliorer cet aspect de ta santé. Choisis 1 ou 2 questions auxquelles tu as répondu NON et apporte des changements dans ta vie pour que la réponse devienne OUI!

Si tu as obtenu 2 sur 4, tu fais certaines choses de façon saine. C'est un bon début! Penses-tu que tu pourrais changer un NON et le transformer en OUI?

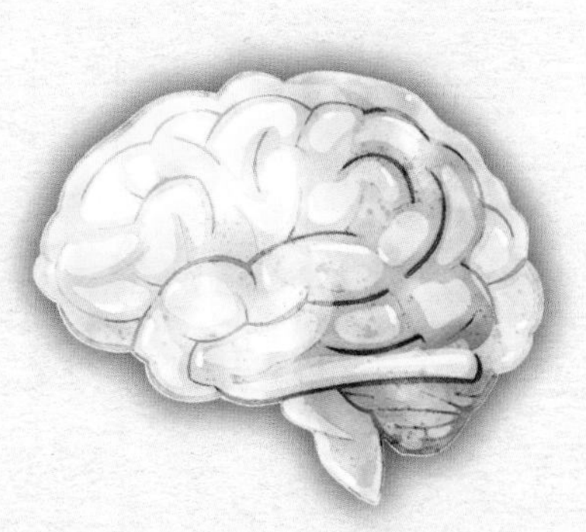

Si tu as obtenu 3 sur 4, tu vis certainement de façon saine.

Si tu as obtenu 4 sur 4, bravo! Tu en fais déjà tellement!

Santé
physique

Section 1 – Santé physique

Se levant à l'est, le soleil intense représente un nouveau jour, une nouvelle vie, la naissance, les commencements et notre naissance physique. Nous étions alors des bébés. Nous pouvons aussi voir la naissance comme une saison : le printemps. Quand on pense au printemps, on pense à la croissance et aux nouveaux commencements, à la nouvelle vie. Notre existence physique commence avec notre naissance.

Direction	**Est**
Couleur	Jaune
Élément	Terre
Santé	Physique
Saison	Printemps
Plante sacrée	Tabac
Stade de vie	Bébé
Animal	Aigle

Activité 1 – Réflexion

Complète chaque phrase dans tes propres mots :
Quand le soleil se lève, c'est ______________________________ qui m'accueille.

Le soleil jaune intense d'un nouveau jour représente ______________________.

Quand je pense au printemps, je me sens ______________________________.

Se levant à l'est, le soleil intense représente un nouveau jour, une nouvelle vie, la naissance, les commencements et notre naissance physique. Nous étions alors des bébés. Nous pouvons aussi voir la naissance comme une saison : le printemps. Quand on pense au printemps, on pense à la croissance et aux nouveaux commencements, à la nouvelle vie. Notre existence physique commence à l'est.

Dans l'encadré ci-dessous, dessine ce qu'un aigle voit en vol au printemps. Tu peux ajouter des plantes, des oiseaux, des arbres, etc.

Activité 2 – Cycle de vie des plantes

Alors que aigle observe de là-haut, le printemps arrive. L'aigle supervise la vie qui se renouvelle, c'est sa responsabilité. Il est le messager de la Terre Mère. Le printemps, c'est le moment où les fleurs, les arbres et les rivières revivent. Un des grands changements physiques que l'on peut observer, c'est le processus d'une graine qui devient une plante ou un arbre.

Dans le cercle ci-dessous, dessine la plante, l'arbre ou la fleur que tu préfères voir au printemps.

Activité 2 – Suite

Le cycle de vie des plantes est le même que notre cycle de vie physique. Illustre-le dans l'encadré ci-dessous. Montre les similarités.

Cycle de vie des plantes	Cycle de vie humaine

Activité 3 – Respecter la Terre Mère

La Terre Mère nous donne la nourriture qui nous permet de grandir physiquement. Nous mangeons des plantes et des animaux de notre naissance jusqu'à notre mort, mais nous les utilisons aussi comme remèdes. Nos Aînés nous ont enseigné quelles plantes peuvent être utiles. Le tabac est une plante sacrée que nous pouvons utiliser pour redonner à la Terre Mère quand nous prenons quelque chose.

Nomme des cadeaux que la Terre Mère nous fait. Dessine ces cadeaux et attribue-leur une étiquette dans le cercle ci-dessous.

Activité 4 – Activités physiques pour grandir

Prends le temps de réfléchir à ta croissance physique de la naissance à l'âge de 12 ans.

Maintenant, réfléchis aux types d'activités qu'un bébé, un adolescent, un adulte et un Aîné font durant leur âge respectif.

Stade de vie	Types d'activités
Bébé	
Adolescent	
Adulte	
Aîné	

Si un bébé ne fait pas d'activité physique ou de mouvements, qu'est-ce qui pourrait lui arriver? ______________________

Et si c'était un adolescent? ______________________

Et si c'était un adulte? ______________________

Et si c'était un Aîné? ______________________

Choisis une activité que tu aimerais vraiment faire et être capable de faire à ton âge.

Quelle est cette activité? ______________________

Activité 5 – Un sol sain comme notre corps physique

Le sol est comme notre corps physique. C'est important d'utiliser un bon sol avec beaucoup de nutriments sains pour que quand on plante la graine, elle pousse et arrive à maturité, devenant un bel arbre ou une belle plante.

Pourquoi est-il important que notre sol ait les nutriments, les minéraux et les vitamines nécessaires à sa croissance?

Que se passe-t-il si notre sol n'est pas sain?

De quels types de choses avons-nous besoin pour que notre corps soit fort et en bonne santé ? Écris-les dans les cases sur la page suivante.

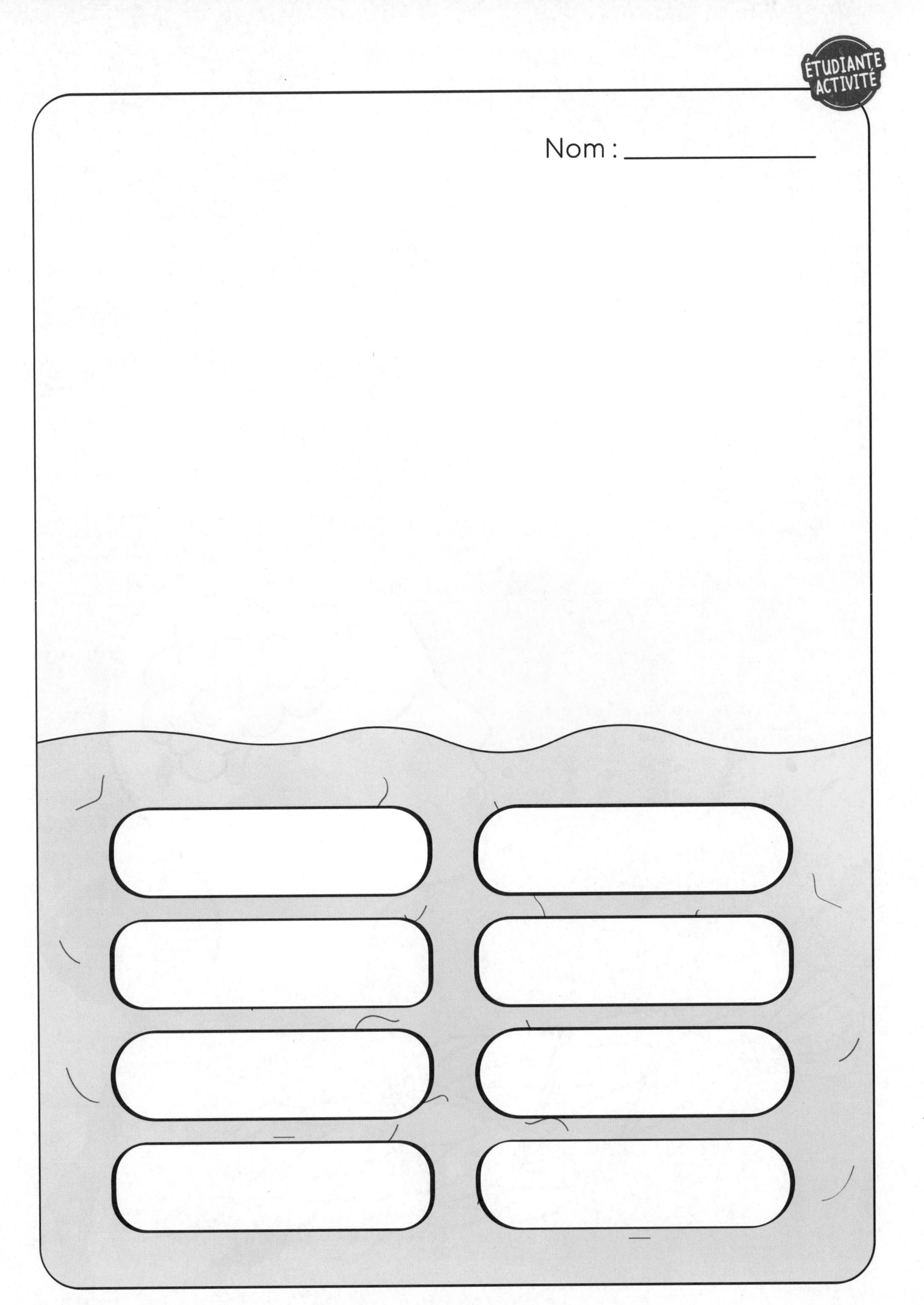
ÉTUDIANTE
ACTIVITÉ
Nom : ___

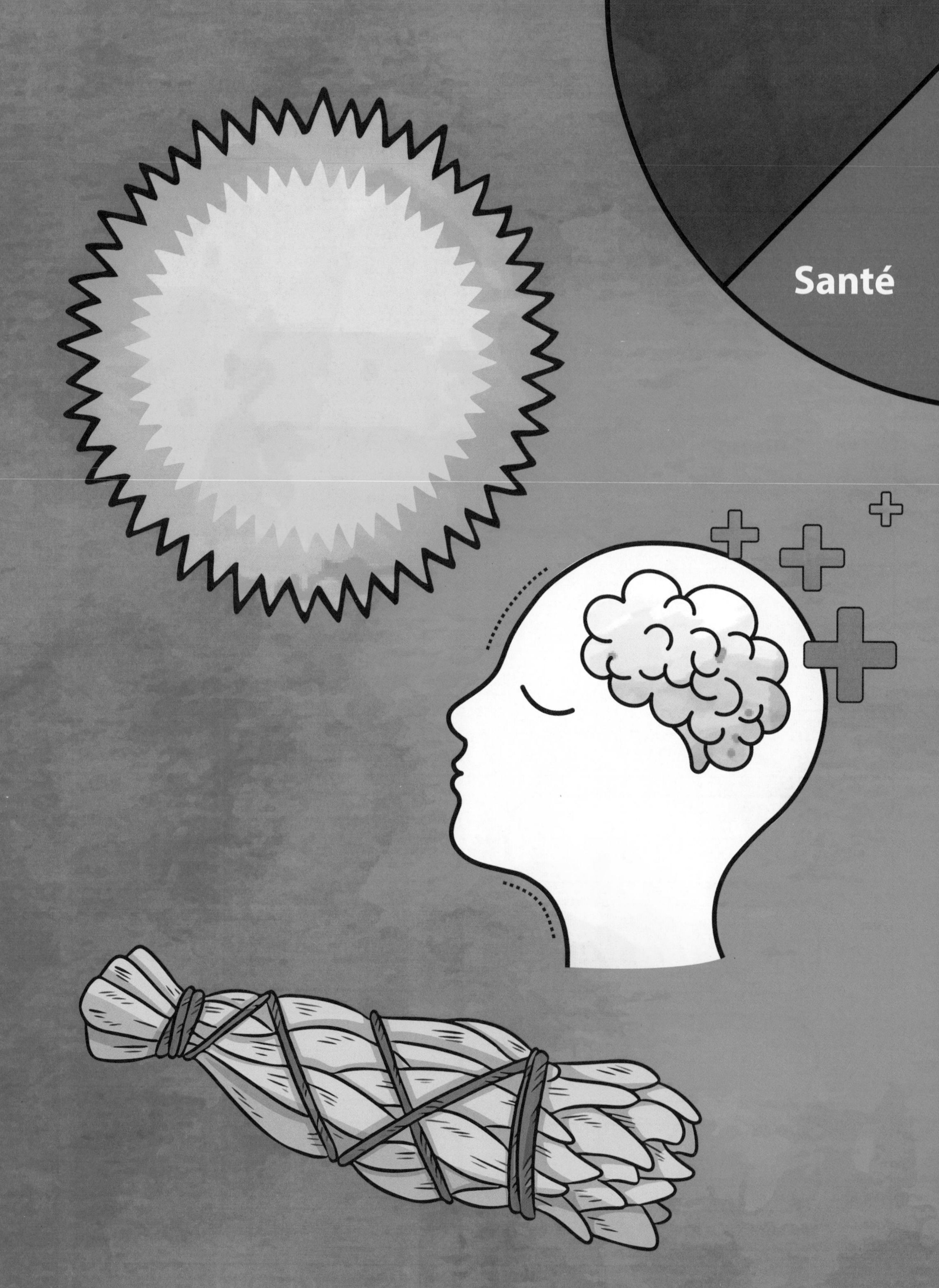
Santé

Mentale

Section 2 – Santé mentale

Le quadrant sud de la roue médicinale représente l'été et la chaleur du soleil toute la journée. À ce stade, les graines sont passées de bébés/enfants à adolescentes. C'est une période de croissance et de développement : l'adolescence. Ce quadrant représente l'aspect mental. Quand on arrive à l'adolescence, on commence à utiliser beaucoup plus notre esprit.

Direction	**Sud**
Couleur	Rouge
Élément	Feu
Santé	Mentale
Saison	Été
Plante sacrée	Sauge
Stade de la vie	Adolescent
Animal	Bison

Activité 1 – Réflexion

La chaleur de l'été me rappelle ______________________.

Les stades de la naissance ou de l'enfance dans lesquels je suis ou que je viens de passer. Ensuite, les années de l'adolescence sont devant moi et je me sens ___________________________ parce que ____________________________.

Je vais rencontrer plusieurs obstacles en entrant dans l'adolescence. Je sens que ces défis peuvent être _________________ et ________________ parce que ____.

Énumère des façons dont tu pourrais être conscient ou consciente pour t'aider à te préparer à ces défis mentaux qui peuvent survenir à l'adolescence.

____

____

____

____

____

____

____

____

____

____

____

____

Activité 2 – Feu

Le feu représente les défis mentaux et émotionnels de l'adolescence.

Est-ce que tu trouves que les enseignements de tes parents et de tes grands-parents te préparent pour ce stade de la vie?

Le feu est puissant et dangereux quand il n'est pas contrôlé. Apprendre à contrôler le feu est important et requiert un bon équilibre.

Un feu de forêt se propage rapidement sur le territoire et brûle de façon incontrôlable pendant de longues périodes. On peut comparer cela aux défis qu'on rencontre durant l'adolescence. Les activités pour contrôler ton feu de forêt te permettent de réguler tes émotions et garder ton calme et ta sérénité.

Quel genre d'activités peux-tu faire pour contrôler ton feu de forêt? Nomme quatre activités dans les cases.

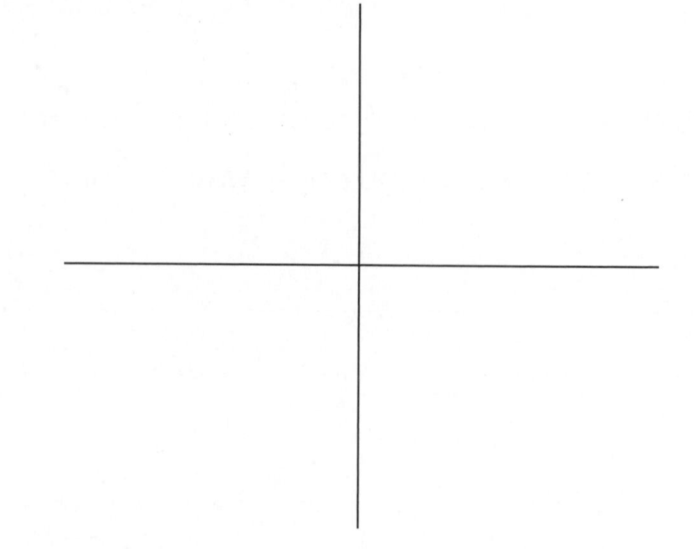

Exemples : lire, faire de l'exercice, faire du sport, écouter ou jouer de la musique

Une activité que je trouve difficile à faire est ______________________
parce que ______________________.

Dessine-toi en train de faire une de ces activités.

Activité 3 – La force du bison

En grandissant, je vais faire face à plusieurs défis et mon esprit peut les surmonter. Je sais que mon esprit peut être fort comme le bison.

L'activité qui me permet d'être fort ou forte mentalement et qui démontre ma force est ______________________.

Je dois penser de façon positive quand je fais cette activité parce que ______________________.

Écris des mots positifs sur l'image du bison ci-dessous.

Je peux surmonter mes défis/feux en utilisant le pouvoir de mon esprit et en ayant confiance en moi.

Pense à une activité que tu trouves particulièrement difficile et écris-la ci-dessous.

____

En utilisant ton esprit et tes pensées, tu peux atteindre tes objectifs même s'ils sont difficiles. Qu'est-ce que tu peux te dire pour t'aider à atteindre tes défis?

1. ____
2. ____
3. ____

Activité 4 – Un esprit sain et heureux

Une plante a besoin de plusieurs choses pour grandir saine et heureuse. Le sol représente notre corps physique et nous savons ce dont notre corps a besoin pour rester en santé. Chaque plante a besoin de la chaleur du soleil pour pousser. Le soleil peut être associé à la chaleur ou au feu. La chaleur du soleil aide la plante à pousser, mais si le feu est trop fort, il peut l'endommager ou la brûler.

De quoi avons-nous besoin pour avoir un esprit sain?
Écris les réponses dans les cases ci-dessous.

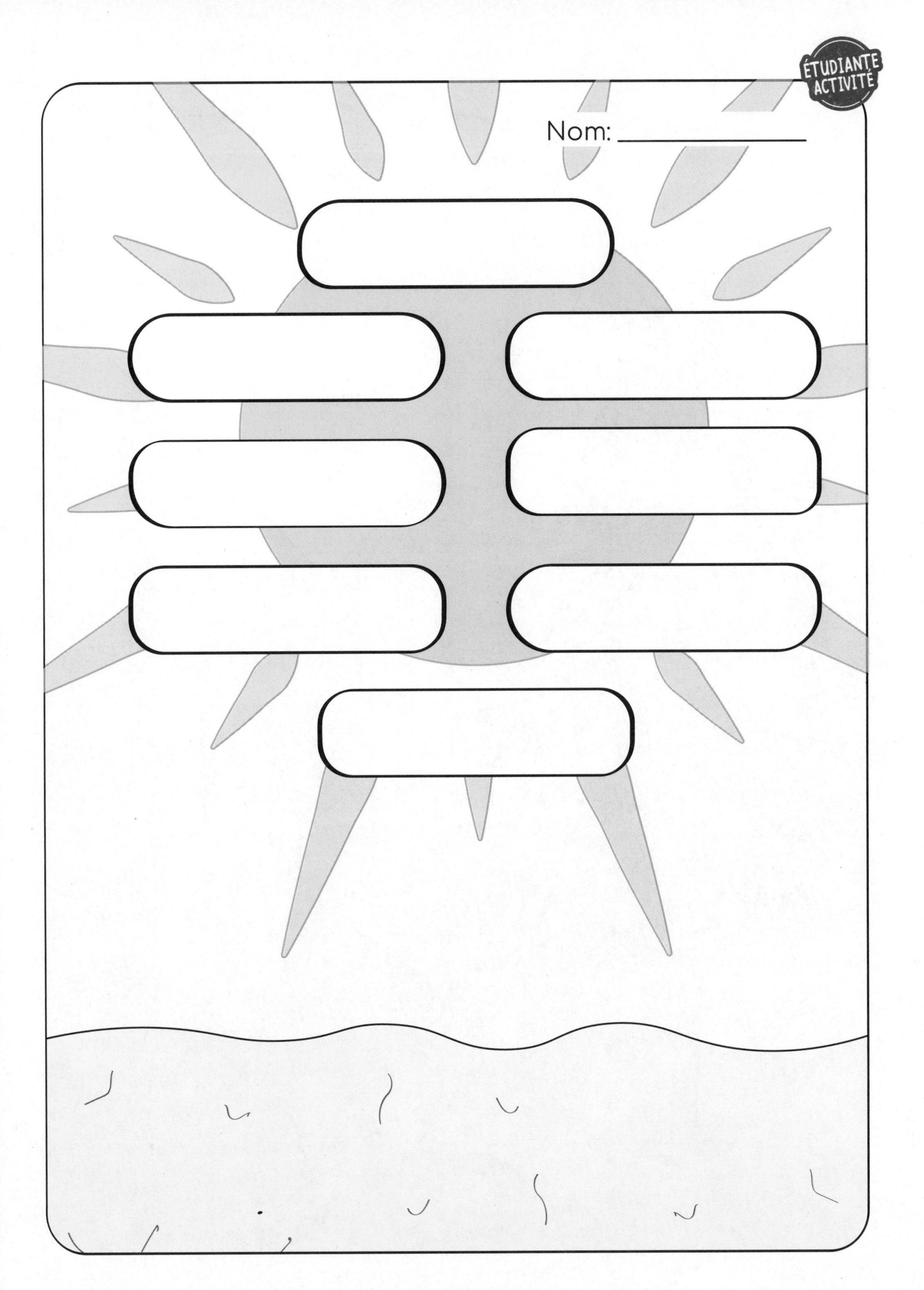
ÉTUDIANTE
ACTIVITÉ
Nom: ______________

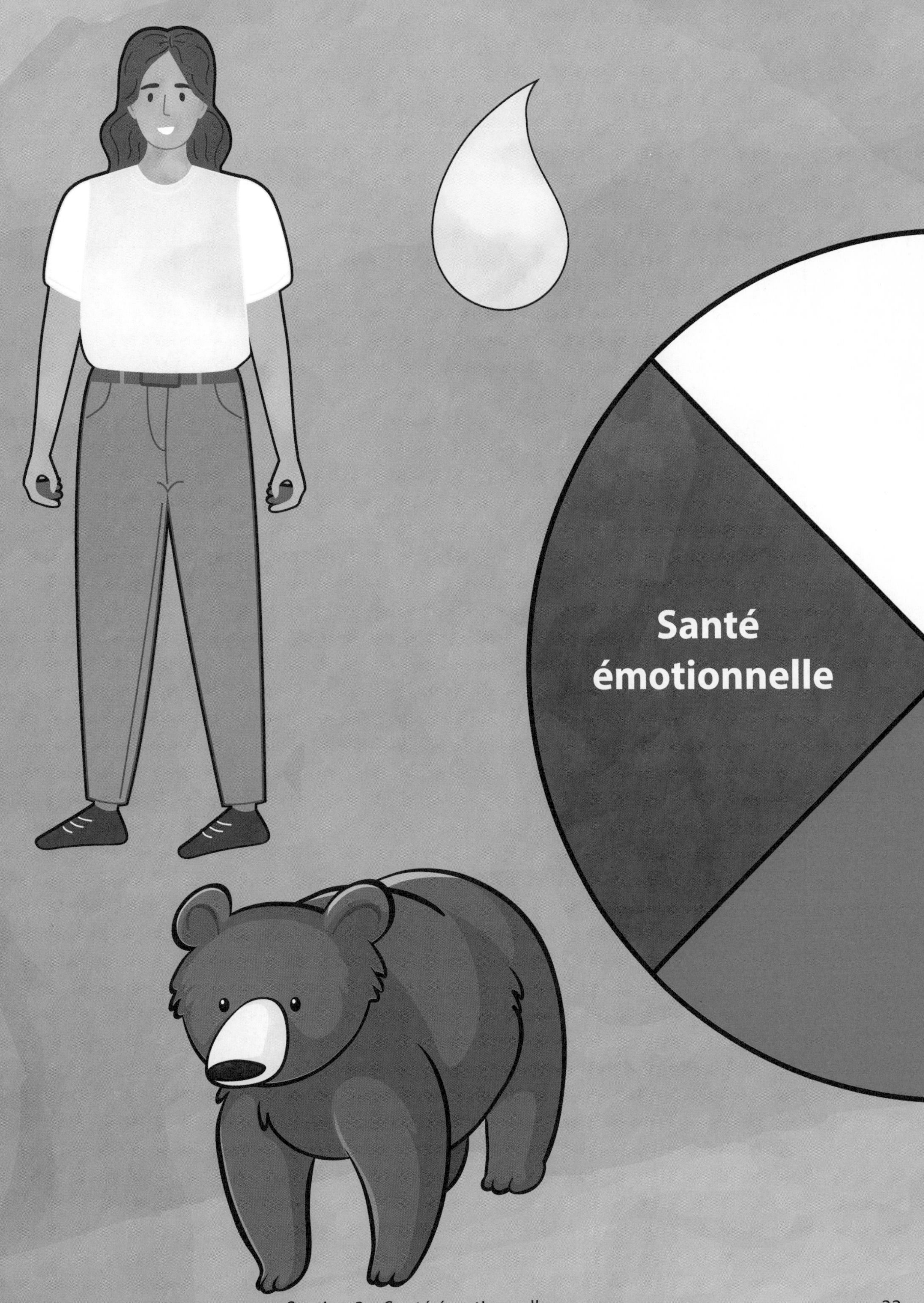
Santé
émotionnelle

Section 3 – Santé émotionnelle

Le prochain stade de la vie de la roue médicinale après le sud est l'ouest. L'ouest représente l'automne et le noir de la nuit. Le passage de l'adolescence à la vie adulte est la partie émotionnelle de la vie. C'est le moment de la récolte et d'une meilleure compréhension : l'âge adulte.

Direction	**Ouest**
Couleur	Noir
Élément	Eau
Santé	Émotionnelle
Saison	Automne
Plante sacrée	Cèdre
Stade de la vie	Adulte
Animal	Grizzly

Activité 1 – Réflexion sur les couleurs

Quand l'automne arrive, la Terre Mère arbore plusieurs couleurs magnifiques. Elle dévoile de riches couleurs allant de l'or, à l'orangé, au violet et à différentes teintes de brun.

Or – Énergie
Brun – Détente

Violet – Amour
Orange – Joie

Comment ces couleurs démontrent-elles comment tu te sens?

Place la mine de ton crayon au milieu de chacun des cercles et déplace-la à l'intérieur du cercle sans dépasser le contour comme si tu dessinais le sentiment qui est écrit.

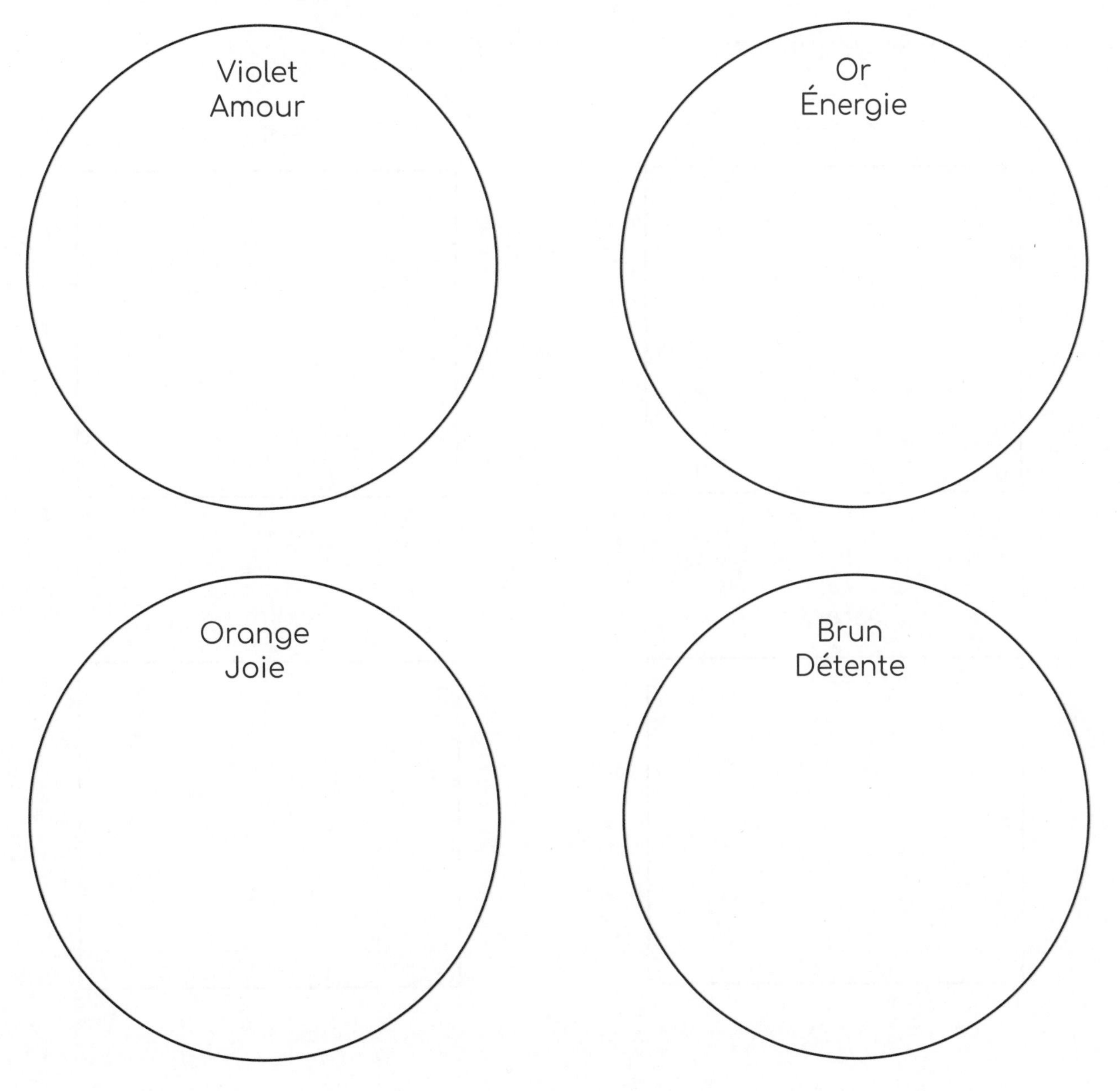

Activité 2 – Eau

Les sentiments et les émotions nous aident à partager avec les autres comment on se sent dans différentes situations.
Au fur et à mesure que l'eau descend la rivière, les ondulations changent tout comme nos émotions.

Colère

Ennui

Détente

Calme

Dessine ton visage qui exprime ces émotions

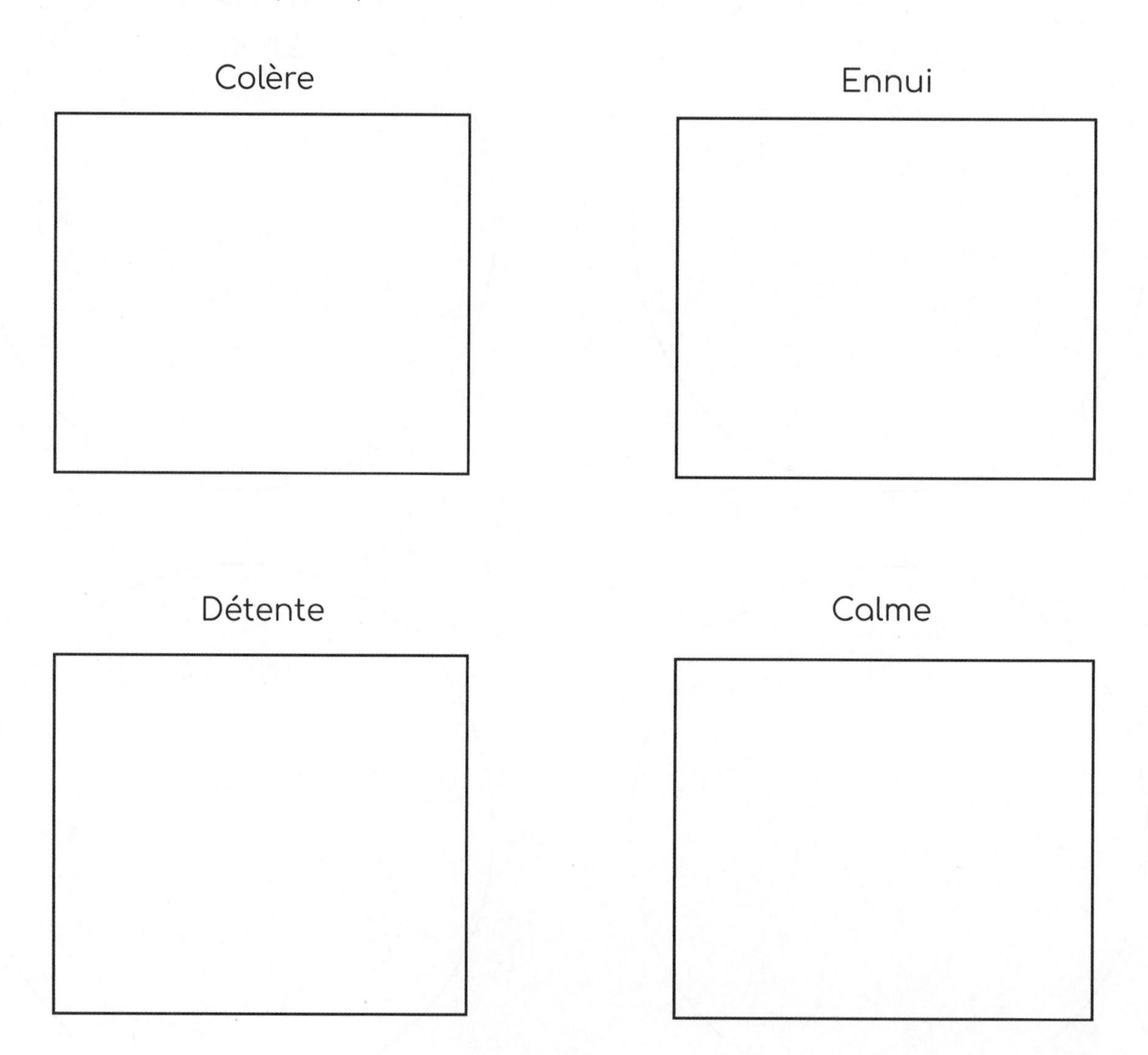

Activité 3 – Le cadeau du cèdre

La Terre Mère nous donne le cèdre, qui est une plante sacrée, pour nous aider à gérer nos émotions. Quand nous utilisons du cèdre pour la purification, nous demandons à notre cœur de nous purifier et de rétablir l'équilibre dans nos sentiments. Le cèdre est un remède puissant pour nous aider à équilibrer nos sentiments.

Dessine un cèdre ci-dessous en utilisant l'image pour t'inspirer. Colorie ton dessin quand tu as fini.

Activité 4 – Aime/N'aime pas

La nourriture représente le carburant du corps. Notre corps a besoin de fruits, de légumes, de grains entiers et de protéines pour rester fort et en santé. Nous devrions manger de la nourriture saine tous les jours et seulement de temps en temps de la nourriture malsaine. Demandez aux élèves de travailler en équipe de deux pendant 5 minutes pour faire une liste d'aliments sains et malsains. Demandez ensuite à chaque équipe de partager avec la classe un exemple de chaque catégorie. Écrivez les réponses données sur le tableau blanc ou le Smartboard et demandez ensuite aux élèves de compléter la liste d'aliments sains et malsains.

Fais une liste d'aliments sains et malsains.

Mets un ✓ à côté des aliments que tu aimes et un ✕ à côté des aliments que tu n'aimes pas.

Sains	Malsains

Remarques-tu une différence dans la façon dont tu te sens quand tu manges de la nourriture saine et de la nourriture malsaine?
N'oublie pas, nos émotions sont liées à notre corps physique.

Autres idées d'activités :
En utilisant des circulaires d'épicerie, demandez aux élèves de créer un collage d'images d'aliments sains et malsains.
OU
Demandez aux élèves de créer un PowerPoint ou un document Word avec des images d'aliments sains et malsains.

Activité 5 – Grizzly

Il y a plusieurs sortes d'ours : ours polaire, ours brun, ours noir, etc. Pourtant, il y a un ours qui est lié à l'enseignement de la solitude et de la méditation : le grizzly. Le territoire du grizzly est vaste parce qu'il a besoin de beaucoup d'espace pour vivre pleinement. L'espace dans lequel le grizzly vit est calme et paisible et il aime que son espace ne soit pas partagé avec d'autres ours. Ceci permet au grizzly de se sentir calme et à l'aise dans son espace.

a.) Comment le grizzly se sent-il quand il est seul?

____

____

____

____

b.) Comment te sens-tu quand tu es seul(e)?

____

____

____

____

c.) Est-ce que comme le grizzly tu penses qu'il est sage de passer du temps seul(e)? Quels sont les bienfaits de choisir d'écouter tes sentiments quand tu es seul(e)?

____

____

____

____

d.) Certaines personnes aiment être seules pour lire un livre, colorier ou réfléchir. D'autres se sentent bien quand elles sont entourées de personnes. Et toi, qu'est-ce que tu préfères?

____

____

____

____

Activité 6 – Continuer à grandir

Au début, nous étions le sol (terre), puis nous avons appris l'importance du soleil (feu) et maintenant, c'est le temps de l'eau. La plante ne peut pas survivre sans eau. Si une plante ne reçoit pas d'eau, elle va mourir lentement. Comme nos sentiments, l'eau est très importante pour notre croissance en tant qu'êtres humains.

De quoi avons-nous besoin pour que notre cœur soit en bonne santé et que nos sentiments soient sains?

Écris les réponses dans les cases sur la page suivante.

ÉTUDIANTE ACTIVITÉ
Nom: ___________

Santé

Spirituelle

Section 4 – Santé spirituelle

Le nord est considéré comme la saison de l'hiver, de la neige et du froid. Il représente les cheveux blancs de l'Aîné(e). Pour plusieurs Aîné(e)s, la spiritualité est très importante. Les graines sont conservées tout au long du cycle de vie. C'est un lieu de réflexion et de compréhension de la vie : la vieillesse.

Direction	**Nord**
Couleur	Blanc
Élément	Air
Santé	Spirituel
Saison	Hiver
Plante sacrée	Foin d'odeur
Stade de la vie	Aîné
Animal	Loup

Activité 1 – La sagesse de l'Aîné

Dans les communautés autochtones, les Aînés (hommes/femmes) partagent les enseignements, les cérémonies et les histoires de leurs ancêtres.

Dans les communautés et les familles non autochtones, c'est généralement un grand-parent ou un autre adulte de confiance, respecté et pouvant avoir les qualités d'un Aîné, qui remplit ce rôle.

Complète les phrases suivantes :

1. Un Aîné c'est ____.

2. Un Aîné partage ses histoires sur ____________________________.

3. Ils m'ont enseigné ________________ et ________________.

4. Un Aîné est important dans ma communauté ____________________________.

Choisis une activité parmi celles-ci :

a.) Faire une entrevue avec un Aîné; prépare tes questions et demande conseil à ton ou tes parents pour ce qui est du protocole.

b.) Écrire une brève description d'un Aîné de ta communauté. Pour ces activités, si tu ne connais pas d'Aîné, tu peux choisir un adulte respecté qui possède les qualités d'un Aîné.

Activité 2 – Histoires d'hiver

Il y a longtemps, les Aînés et les grands-parents partageaient les histoires et les légendes durant l'hiver.

Sur une feuille de papier, écris une courte histoire sur un de tes moments préférés avec ton ou tes grands-parents.
Les élèves plus jeunes peuvent faire un dessin et l'étiqueter.

a.) Où se passait l'histoire?

____

____

b.) Qui était là?

____

____

c.) Qu'est-ce que tu faisais?

____

____

d.) Comment te sentais-tu?

____

____

e.) Pourquoi te souviens-tu de cette histoire?

____

____

Dessine l'endroit où se passe ton histoire.

Activité 3 – Je suis le loup

Le loup connaît son rôle dans la meute. Il ou elle accorde de la valeur à son rôle et se comporte d'une bonne façon. Blesser la meute est une des pires choses qu'un loup puisse faire. Comme dans une famille ou une meute, chaque loup joue un rôle différent.

Dans le cercle ci-dessous, lis la description de chaque rôle et coche les rôles qui correspondent au rôle que tu joues dans ta meute. Si tu ne sais pas ce que les mots veulent dire, demande à un Aîné ou à un adulte de confiance.

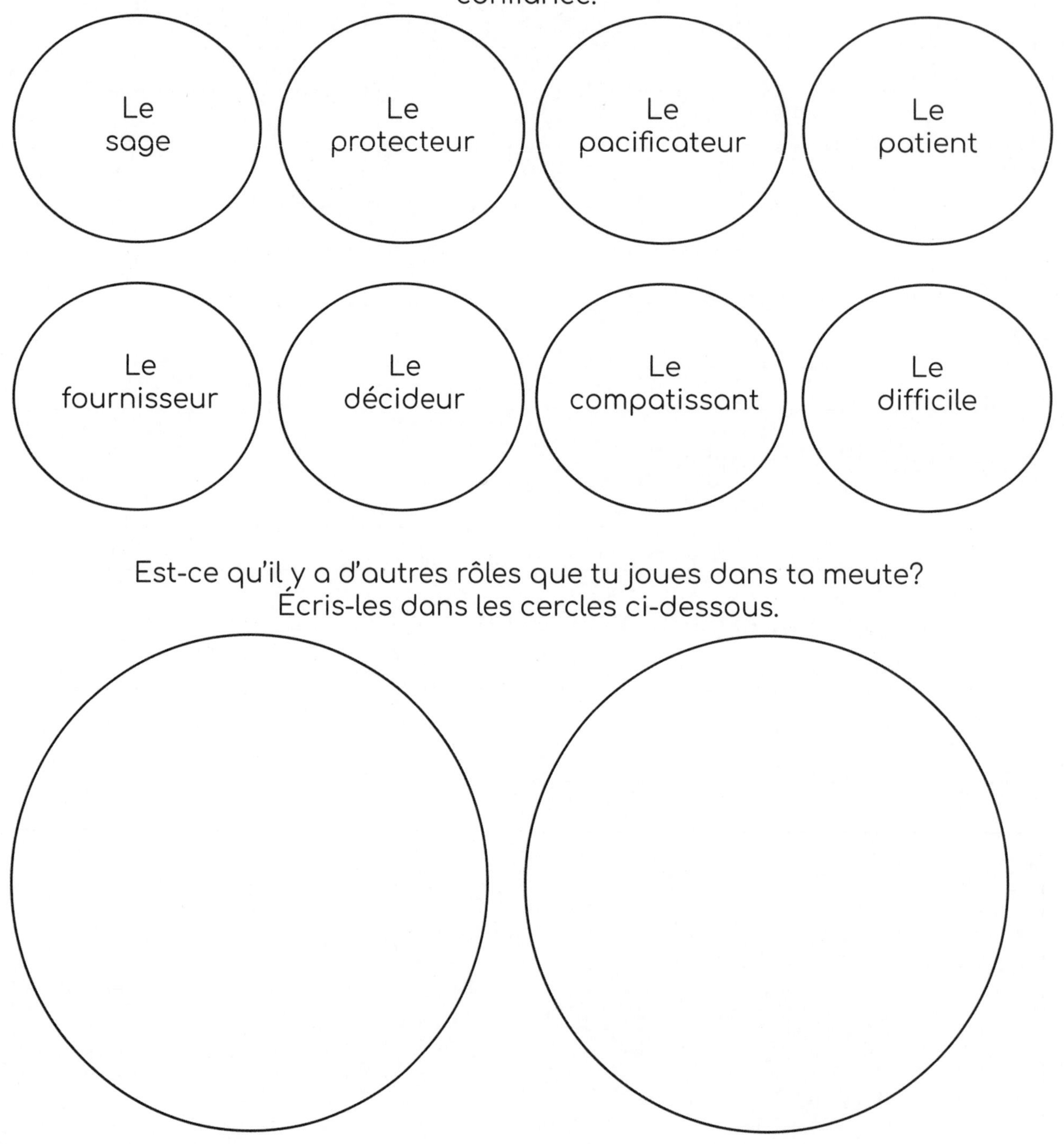

Activité 4 - Mes Valeurs

Tes valeurs, c'est ce qui est le plus important pour toi, c'est ce qui te tient à cœur. Ces valeurs guident tes choix et t'aident à vivre une vie heureuse et équilibrée.

Fais une liste de quatre valeurs que tu as et dessine chacune de tes valeurs dans les encadrés ci-dessous. Pour t'aider, voici une liste de valeurs parmi lesquelles tu peux choisir. Tu peux aussi ajouter les valeurs qui sont importantes pour toi.

Gentillesse, Compassion, Force, Honnêteté, Franchise, Patience, Amour Affirmation, Aide, Indépendance, Loyauté, Quiétude, Service, Amitié, Équilibre, Courage, Espoir, Harmonie, Grâce, Tradition, Vision, Sagesse, Humilité, Respect, Ouverture d'esprit, Empathie, Confiance, Gratitude, etc.

1. ______________________________

2. ______________________________

3. ______________________________

4. ______________________________

Ta fiche de valeurs :

Remplis la feuille de valeurs et écris tes propres valeurs sur les lignes vides.

	Important	Un peu important	Pas important
Communauté	☐	☐	☐
Famille	☐	☐	☐
Gentillesse	☐	☐	☐
Plaisir	☐	☐	☐
Santé	☐	☐	☐
Aider les autres	☐	☐	☐
Créativité	☐	☐	☐
Respect	☐	☐	☐
____________	☐	☐	☐
____________	☐	☐	☐
____________	☐	☐	☐
____________	☐	☐	☐

Activité 5 – Sagesse

Nous savons que les plantes ont besoin de terre, de feu (la chaleur du soleil) et d'eau pour pousser robustes et en santé. Dans l'air, il y a de l'oxygène et les plantes ont besoin d'air pour grandir et se développer. Comme notre spiritualité et nos valeurs, l'air nous aide à grandir.

Quel genre de choses doit-on faire pour vivre une vie saine et basée sur nos valeurs?

Écris-les dans les cases qui sont liées à l'air dans l'activité suivante.

ÉTUDIANTE ACTIVITÉ
Nom: ______________

Activité 6 – Un esprit en santé, je suis en santé

Nous savons que pour être en santé, avoir un esprit sain est très important. Un esprit sain peut être différent d'une personne à l'autre et on peut trouver l'équilibre pour avoir un esprit sain de plusieurs façons.

Voici des suggestions pour garder ton esprit en santé. Choisis-en 1 ou 2, écris comment ou pourquoi tu les as choisis. Comment est-ce que ces suggestions te font sentir? Comment pourraient-elles t'aider dans ton chemin vers une santé spirituelle?

1. Écoute le récit d'un Aîné
2. Chante, écoute ou joue ta musique préférée
3. Fais du bénévolat ou aide les autres
4. Passe du temps dans la nature
5. Fais du yoga, de la méditation et prends de grandes respirations
6. Participe à des activités ou des services basés sur la foi
7. Écris tes réflexions dans un journal intime
8. Fais preuve de reconnaissance, remercie la vie pour tout ce qui t'arrive de positif
9. Fais une bonne action, un acte de gentillesse, rend service à quelqu'un
10. Mets de côté les appareils électroniques et les réseaux sociaux

1re activité : ____

____

____

____

2e activité : ____

____

____

____

Est-ce qu'il y a d'autres choses qui te permettent de garder un esprit sain?

____

____

____

Trouve Un

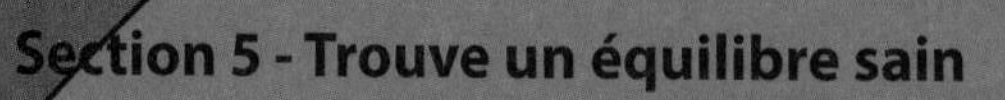

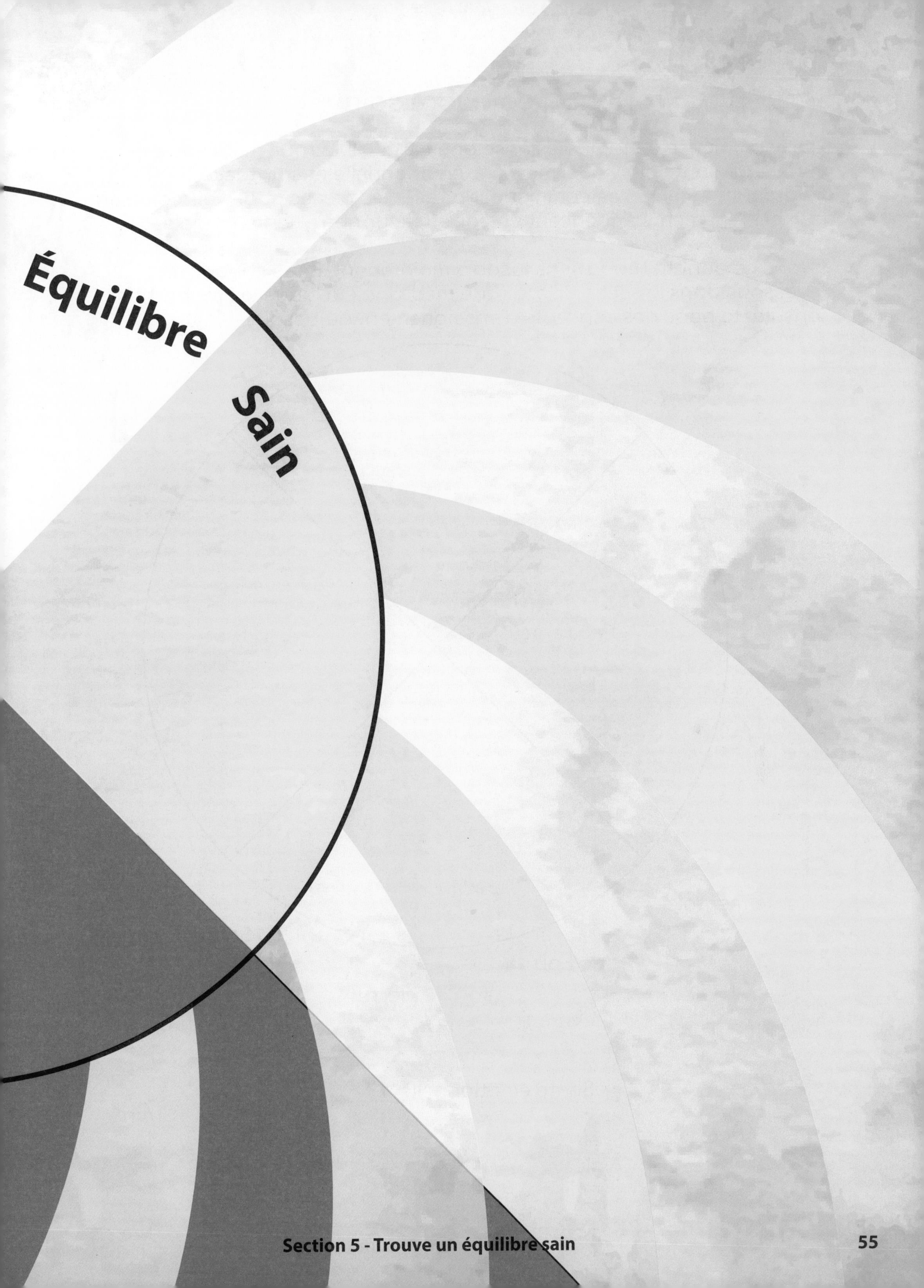
Équilibre
Sain

Section 5 - Trouve un équilibre sain

Tu as commencé à étudier les enseignements de la roue médicinale en matière de santé physique, mentale, émotionnelle et spirituelle. Il est maintenant le temps de commencer à relier les pièces et de voir comment ces enseignements s'agencent et leur effet sur notre santé globale.

Voyons ce dont tu te souviens jusqu'à maintenant. Écris chaque mot ci-dessous dans la section de la roue médicinale à laquelle il appartient. Consulte la page des concepts d'enseignement au besoin.

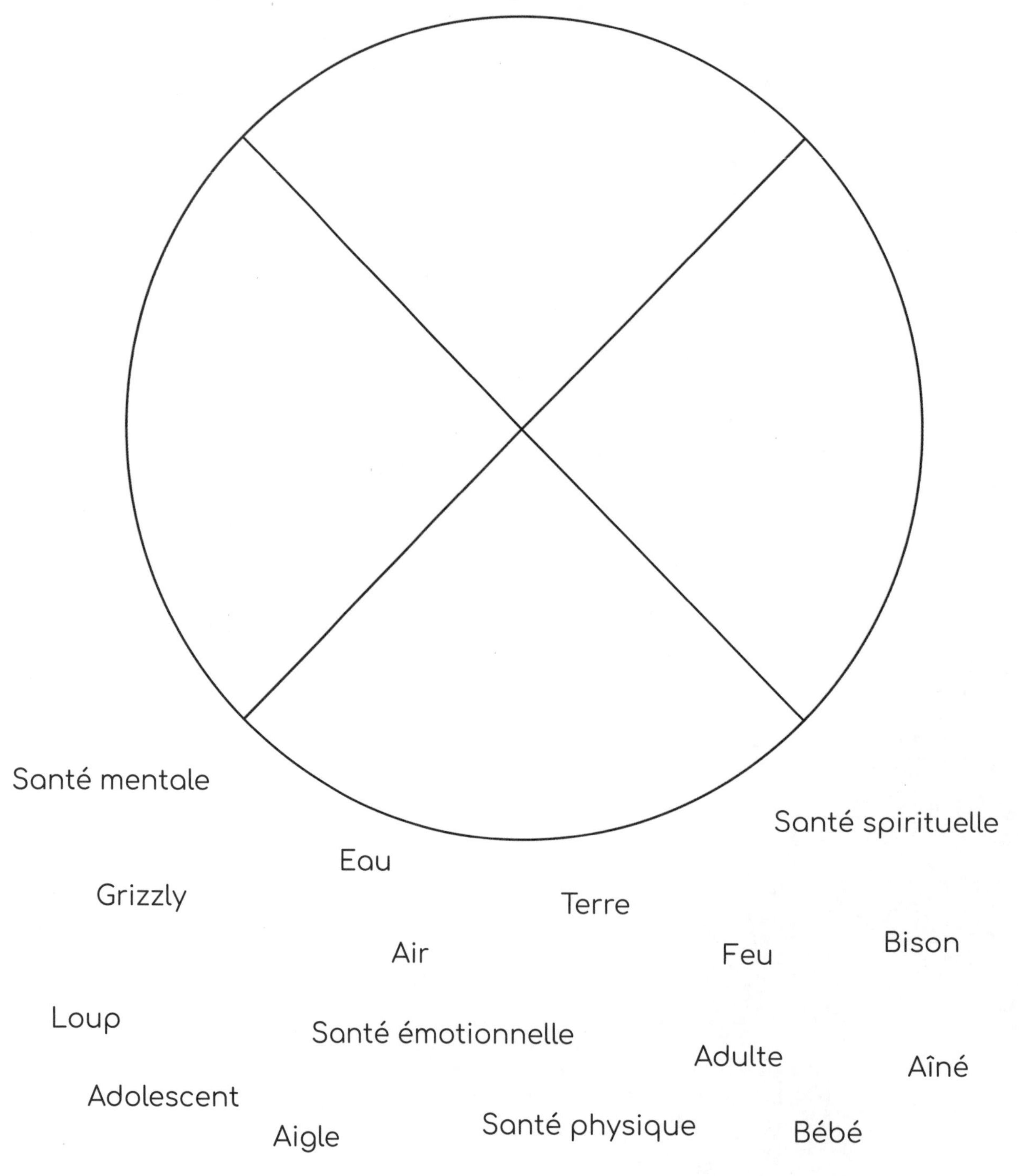

Activité 1 – Santé physique

Nous avons appris qu'il y a quatre quadrants dans la roue médicinale. Maintenant, nous allons voir quels sont les effets de l'activité physique sur notre santé émotionnelle, mentale et spirituelle. Choisis une activité physique. Après avoir fini ton activité, écris quels sont les bienfaits de cette activité physique sur ta santé mentale, émotionnelle, physique et spirituelle et écris comment tu te sens dans chaque section/aspect de la santé.

Mon activité physique : ____________________

Après l'activité physique, écris comment tu te sens physiquement, émotionnellement, mentalement et spirituellement.

Physiquement	Mentalement	Émotionnellement	Spirituellement

Activité 2 – Activité de pleine conscience

La pleine conscience, c'est d'avoir conscience de comment on se sent dans notre corps, notre esprit et notre cœur. La pleine conscience nous aide à trouver l'équilibre au niveau physique, mental, émotionnel et spirituel.

Créer une atmosphère relaxante dans la classe ou à l'extérieur de la classe.
Commencer par :

1) Jouer de la flûte/faire jouer de la musique dans la pièce ou la nature
2) Utiliser une de ces idées pour une imagerie guidée

Respiration colorée – demander aux élèves de penser à une couleur relaxante et à une autre couleur qui représente la colère, la frustration ou la tristesse. Leur demander de fermer les yeux et d'imaginer qu'ils aspirent la couleur relaxante et qu'elle remplit tout leur corps. Leur demander d'expirer et d'imaginer que la couleur « négative » quitte leur corps et se relâche dans la pièce ou dans l'espace.

3) Demander aux élèves de penser à chaque partie de leur corps. Leur demander ce qu'ils ressentent dans leur corps, leur cœur et leur esprit.

Idées pour les enseignants pour favoriser une plus grande pleine conscience et encourager le développement d'un esprit sain chez les élèves et les enfants :

1) Gratitude quotidienne – Avant que les élèves repartent à la fin de la journée, leur donner un « billet de sortie » sur lequel ils vont écrire pour quoi ils sont reconnaissants durant une activité physique à laquelle ils ont participé. Une fois que c'est fait, leur demander de vous remettre le billet.

2) Coin de la gratitude – Mettre à la disposition des élèves de petites cartes (3"x 4") sur lesquelles ils vont pouvoir exprimer leur gratitude envers un autre élève. Dire aux élèves d'écrire leur remerciement sur la carte et de la donner à leur camarade de classe. Vous pouvez ensuite afficher ces cartes sur un babillard.

3) Journal de gratitude – À la fin de chaque journée, demander aux élèves d'écrire quelque chose pour quoi ils sont reconnaissants.

Rappeler aux élèves qu'il n'y a pas de « bonne façon » d'exprimer leur gratitude.

Activité 3 – Faire preuve de gratitude

Complète les phrases suivantes.

Intérieurement, je ressens de la gratitude pour...

____

____

Je suis fier de...

____

____

Extérieurement, je ressens de la gratitude pour...

____

____

Quand je ressens de la gratitude, mon corps se sent...

____

____

Quand je ressens de la gratitude, mes pensées sont...

____

____

Quand je ressens de la gratitude, mon esprit se sent...

____

____

Activité 4 – Partage émotionnel

Tes sentiments sont importants

Les sentiments sont comme l'eau, ils viennent dans ton cœur. Certains sentiments seront pleins de joie tandis que d'autres non. Rappelle-toi de bien respirer et de laisser ces sentiments passer. Aucun sentiment n'est mauvais. Tu as le droit de te sentir comme tu te sens; tu as le droit de ressentir ces sentiments. Chaque sentiment a quelque chose à t'apprendre.

Pense à deux fois où tu as ressenti de grandes émotions la semaine passée. Dessine ce qui s'est passé dans les cercles ci-dessous.

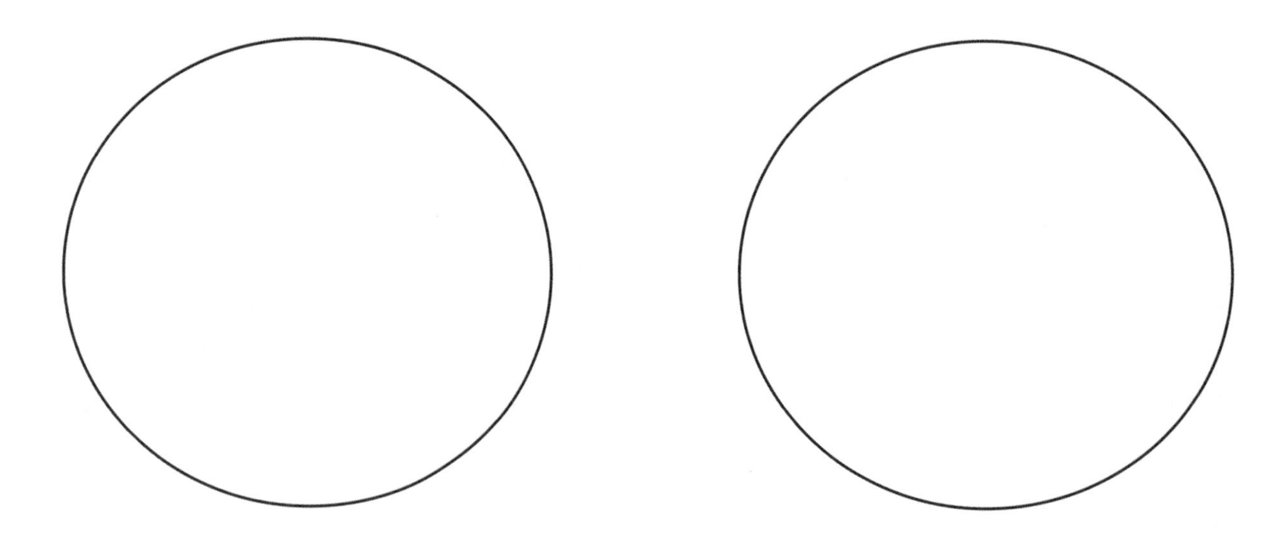

Sur les lignes ci-dessous, écris comment tu t'es senti physiquement, émotionnellement et spirituellement quand tu as ressenti ces grandes émotions.

Activité 5 – Partage tes sentiments dans un cercle de partage

Nous faisons tous partie d'une communauté. Apprendre à vivre ensemble dans une communauté peut demander de la pratique au niveau de la communication. Apprendre à communiquer tes sentiments est très important. Une excellente façon de pratiquer la communication est avec un cercle de partage. Le cercle de partage rassemble tout le monde dans un cercle pour partager.

Étape 1 - Demande à tout le monde de former un cercle. Le cercle est très important puisqu'il démontre que chaque personne est égale aux autres et que chaque personne dans le cercle est liée aux autres.

Étape 2 - Choisis un objet que les gens vont se passer autour du cercle comme un bâton de parole. La seule personne qui peut parler est celle qui a le bâton de parole.

Étape 3 - Tout le monde doit bien écouter les autres quand ils parlent, c'est important. Quand c'est à ton tour d'avoir le bâton de parole, tu peux parler ou passer le bâton à une autre personne.

Étape 4 - Quand tu partages, pratique-toi à partager tes sentiments si tu te sens à l'aise de le faire. Tu peux dire quelque chose du genre : « Je me sens _______________ parce que _______________. ». Évite de parler des autres, concentre-toi sur tes propres sentiments.

Étape 5 - Après le cercle de partage, remercie tout le monde d'avoir partagé et d'avoir passé ce moment ensemble.

Porte attention à comment tu te sens physiquement, mentalement, émotionnellement et spirituellement quand tu partages ce que tu penses et comment tu te sens et quand tu écoutes les autres dans le cercle de partage.

Activité sur la santé spirituelle – Pleine conscience ou méditation

Les méditations quotidiennes pour la pleine conscience peuvent être basées sur des cadeaux de la Terre Mère : les saisons (hiver, printemps, été, automne), les animaux (aigle, grizzly, loup, bison), les éléments (air, terre, feu, eau) et les couleurs (blanc, jaune, rouge, noir).

Ces méditations peuvent servir pour commencer ou pour finir la journée.

On peut utiliser ces expressions pour commencer :

Bonjour/Bonsoir aux grands-mères et aux grands-pères.
Aujourd'hui, je dis merci pour ____________________

Plusieurs méditations guidées sont disponibles. Vous pouvez utiliser celle-ci :

Étends-toi sur le sol ou assieds-toi confortablement. Commençons avec ton corps physique. Porte attention à ce que ton corps touche. Porte attention au sol en dessous de toi. Laisse ton corps devenir doucement une partie du sol en dessous de toi. Pour faire partie de la Terre Mère. Prends une grande respiration et laisse ton corps et le sol ne faire qu'un. Alors que tu descends de plus en plus profondément dans la Terre Mère, imagine un bel arbre ou une belle plante.

Cet arbre ou cette plante n'a pas commencé là. Il a d'abord été une toute petite graine. Pour pousser, il a eu besoin de plusieurs choses. Pour grandir, tu as besoin de cette terre. Pour grandir, tu as besoin d'une belle terre riche et en santé. Plante cette graine dans cette belle terre. Continue de prendre de grandes respirations, inspire et expire.

Tu as répondu aux besoins physiques de cette graine. Tu es la graine plantée dans la belle terre. Sens la chaleur des rayons du soleil sur toi. Tu peux sentir le soleil te réchauffer. Comme la force de ton esprit, la chaleur du soleil continue à réchauffer la graine. Inspire et expire profondément.

Tu as la terre et tu as la chaleur. Maintenant, tu as besoin d'eau pour que ta graine puisse pousser. Imagine un ruisseau qui coule près de l'endroit où tu as planté la graine. Comme le ruisseau, tes sentiments sont aussi comme l'eau maintenant... Laisse tes sentiments couler. Inspire et expire. Imagine que cette eau coule par-dessus la graine.

Terre. Lumière du soleil. Eau. Maintenant, la graine a besoin d'oxygène pour pousser pour être forte et en santé. L'air souffle sur la terre et autour d'elle, donnant à la graine ce dont elle a besoin. L'air est comme la méditation, la tranquillité et le calme. Inspire profondément.

Imagine qu'avec la terre (où tu as planté la graine), le feu (le soleil), l'eau et l'air, la graine peut pousser. Imagine la graine qui prend tous ces beaux éléments et qui se transforme en un bel arbre ou une belle plante. Tu es comme la graine. Pour avoir de la force et la santé, tu dois prendre soin de toi au niveau physique, mental, émotionnel et spirituel. Grandis avec force. Grandis en santé. Deviens l'arbre solide ou la magnifique plante que tu es fait pour être.

Activité 6 – Refais l'auto-évaluation

Maintenant que tu en sais plus sur la santé physique, mentale, émotionnelle et spirituelle, fais l'auto-évaluation à la page suivante. Rappelle-toi qu'apprendre à être en santé est un processus continu et constant.

Fais preuve de douceur et de patience envers toi-même.

Sois en santé.

« Tu es comme la graine. Pour avoir de la force et la santé, tu dois prendre soin de toi au niveau physique, mental, émotionnel et spirituel. Grandis avec force. Grandis en santé. Deviens l'arbre solide ou la magnifique plante que tu es fait pour être »

Est-ce que je vis de façon saine et équilibrée?

Réponds aux prochaines questions en cochant OUI ou NON.

Rappelle-toi que ceci est seulement une façon de connaître notre état de santé et que les réponses sont là pour nous aider à nous améliorer quand nous en avons besoin.

Physique

Je fais régulièrement de l'exercice 2-3 fois par semaine OUI ☐ NON ☐

J'ai régulièrement une alimentation nutritive et équilibrée OUI ☐ NON ☐

Je bois entre 6 et 8 tasses d'eau par jour OUI ☐ NON ☐

Je dors bien toutes les nuits OUI ☐ NON ☐

Nombre de OUI dans cette section ☐

Émotionnel

J'ai de la famille et/ou des amis qui me soutiennent OUI ☐ NON ☐

Je partage mes sentiments ouvertement et adéquatement OUI ☐ NON ☐

Je gère le stress de façon saine OUI ☐ NON ☐

Je suis à l'aise de demander de l'aide quand j'en ai besoin OUI ☐ NON ☐

Nombre de OUI dans cette section ☐

ÉTUDIANTE ACTIVITÉ

Mental

J'aime apprendre de nouvelles choses OUI☐ NON☐

Je peux analyser ce que je lis ou regarde OUI☐ NON☐

Je contribue à ma communauté OUI☐ NON☐

Je me lance des défis OUI☐ NON☐

Nombre de OUI dans cette section ☐

Spirituel

Ma relation avec moi-même et les autres est inspirante et enrichissante OUI☐ NON☐

J'ai un bon système de valeurs personnelles OUI☐ NON☐

J'ai l'impression d'avoir un but dans la vie OUI☐ NON☐

Je garde du temps pour la solitude et la réflexion OUI☐ NON☐

Nombre de OUI dans cette section ☐

Pointage :

Regarde combien de fois tu as répondu OUI dans chaque section.

Si tu as obtenu 0 ou 1 sur 4, il y a peut-être des choses que tu peux faire pour améliorer cet aspect de ta santé. Choisis 1 ou 2 questions auxquelles tu as répondu NON et apporte des changements dans ta vie pour que la réponse devienne OUI!

Si tu as obtenu 2 sur 4, tu vis de façon saine sur certains points. C'est un bon début! Penses-tu pouvoir changer quelque chose pour qu'une question à laquelle tu as répondu NON devienne OUI?

Si tu as obtenu 3 sur 4, tu vis certainement de façon saine.

Si tu as obtenu 4 sur 4, bravo! Tu en fais déjà tellement!

La roue médicinale a des enseignements importants qui peuvent t'aider à vivre en santé.

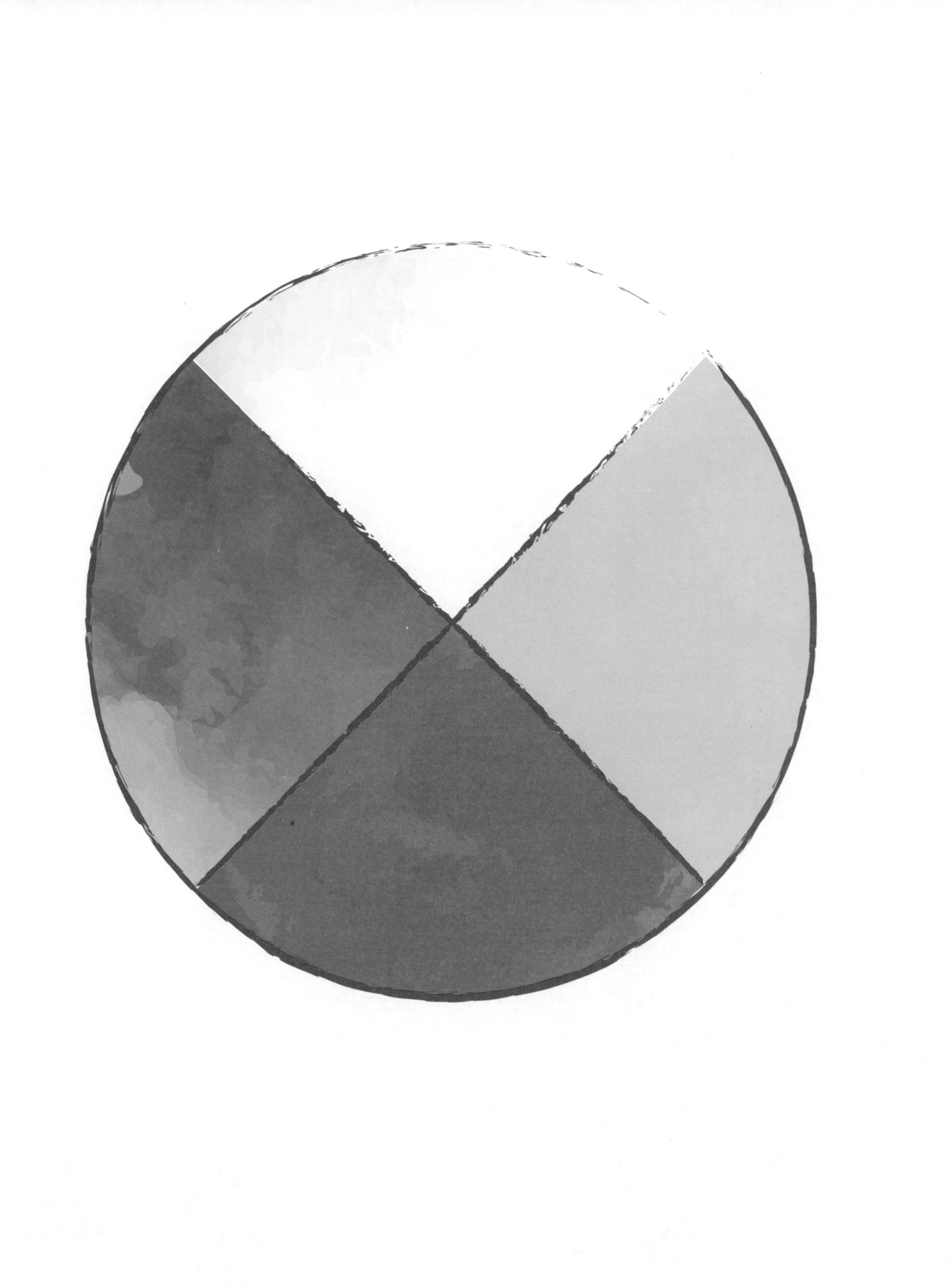

DERRIÈRE L'HISTOIRE DU CHANDAIL ORANGE
Phyllis Webstad
Joue du tambour avec cœur
Avec nos cœurs orange
Phyllis Webstad
Emily Kewageshig
C'EST CE QU'ON M'A DIT
On apprend du soleil
David Bouchard
Illustrations par Kristy Cameron
Rencontre ta famille
Gikenim Giniigi'igoog
Le caillou de guérison de Trudy
Les enseignements du danseur de cerceaux
La plume d'aigle
Le cercle d'aide et de partage
Le chandail orange de Phyllis
Les cadeaux du corbeau
La Roue Médicinale
La Danse des Cerceaux Racontée
Auteur: Teddy Anderson
Illustratrice: Jessika von Innerebner
Le Festin du Corbeau
auteure Kung Jaadee
illustrations Jessika von Innerebner
L'Envol de l'aube
un récit Lakota
auteur Kevin Locke
illustrations Jessika von Innerebner
Lo'ops Trudy
Le Cercle de Partage
auteure Theresa "Corky" Larsen-Jonasson
illustrations Jessika von Innerebner
L'histoire du chandail orange
Texte : Phyllis Webstad
Illustrations : Brock Nicol